우주가
꿈이라고?

우주가 꿈이라고?

만화로 보는
〈기적수업〉의 가르침

알렉스 마르샹 짓고 그림 | 이균형 옮김

정신세계사

일러두기〉 이 책 내용의 근간이 되고 있는 〈기적수업〉(A Course in Miracles)은 20세기를 대표하는 영적 고전 중 하나로서, 방대한 분량과 심오한 개념체계로 인해 국내에는 비교적 뒤늦게 소개되었으나 현재 기적수업한국모임(cafe.naver.com/acimkorea)에 의해 공식 한국어판이 출간되어 있다.

우주가 꿈이라고?
© 알렉스 마르샹, 2010.

알렉스 마르샹 짓고 그린 것을 이균형이 옮기고 정신세계사 정주득이 2012년 12월 14일 처음 펴내다. 김우종이 다듬고, 김윤선이 꾸미고, 경운출력에서 출력을, 한서지업사에서 종이를, 영신사에서 인쇄와 제본을, 김영수가 기획과 홍보를, 하지혜가 책의 관리를 맡다. 정신세계사의 등록일자는 정신세계사의 등록일자는 1978년 4월 25일(제2021-000333호), 주소는 03965 서울시 마포구 성산로4길 6 2층, 전화는 02-733-3134, 팩스는 02-733-3144, 홈페이지는 www.mindbook.co.kr, 인터넷 카페는 cafe.naver.com/mindbooky 이다.

2025년 10월 10일 펴낸 책(초판 제2쇄)

ISBN 978-89-357-0364-7 07200

목 차

세 그룹의 독자들

이 책을 읽을 독자는 세 그룹으로 나뉘지만
이 책은 세 그룹의 독자들 모두에게 맞게끔 만들어졌다.
당신은 어느 그룹인가?

첫째 그룹

이것이 무엇에 관한 책인지 모름에도 불구하고
어떻게든 손에 들고 읽게 된 독자

둘째 그룹

어떤 책인지 대충은 알지만
이 책이 말하는 개념들과 사상에 친숙하지 않은 독자

셋째 그룹

무슨 책인지를 잘 알고,
이 책이 말하는 개념들과 사상에 이미 익숙한 독자

첫째나 둘째 그룹에서 시작해서 결국 셋째 그룹으로 가지 못했다면
당신은 아직도 이 책을 제대로 읽지 않은 것이니, 다시 잘 읽어보시기를.

읽는 방법

왼쪽에서 오른쪽으로, 위에서 아래로 읽어가시라.
책을 읽는 중 언제든지 필요하다면 책 뒤에 있는 아이콘 해설을 참고하시라.
성급한 결론을 내리지 말고 먼저 책 전체를 주의 깊게 읽어주시라.
한 번 이상 읽어주시라.
그리고 웃기를 잊지 마시라 - 농담의 뜻이 아리송할 때조차도.

이 우주가 실로 하나의 꿈임을 깨달은,
그리고 장차 깨달을,
꿈속의 모든 이들에게

chapter zero

끝의 시작

넌 내 꿈을 꿨어
이 책 꿈도 꿨지 -
THE UNIVERSE IS A DREAM
- 네 인생 꿈도 꾸고 -
죽기 위해 태어나다
- 그리고
온 우주의 꿈을 꿨어
내 말이
믿기지 않니?
안 믿는다는 거 알아. 아니면 깨어 있단 뜻이니까.
- 아무튼 환영만이 믿음을 필요로 해.
믿음은 존재의 인정을 낳지.
그렇게 해서 아무도 진짜로 여기지 않는 것도
믿을 수 있게 되는 거야.
네가 지어냈기 때문에 네겐 참인 거지.[1]
각주 표시는 기적수업 원문 출처임 (197쪽 참조)
넌 몸이나 뇌가 아니라
마음이야.
주: 이 책에서 점으로 된
원은 마음을 상징한다.
마음
넌 이원성의 꿈속을
헤매는 마음이야.
곧 알게 되겠지만,
비이원성에 반항해서
꾼 꿈 말이야.

비틀즈 'I am the Walrus'

모피어스 역: 알렉스 (영화 매트릭스)

깨어나기 전엔 자기가
꿈을 꾸고 있다는 걸
결코 알 수가 없어.
꿈은 정말 감쪽같아.
하지만 그 꿈에 대해 네가 책임을 지려고
하든 말든 간에, 꿈이란 언제나
네가 원한 그대로일 뿐이야.
꿈이란,
'내가 지어낸'게 아니라
'내게 주어진' 것처럼
보이는 세계를
만들어내는
하나의 기만술이야.
꿈
쾅
꿈은 우리 마음속에 잠재된 내용물의 투사야.
외부로 투사함으로써 우린 그게
우리와 분리된 것처럼 보이게 만들지.
마음
영사기
잠재된
내용물
우리가 꿈의 근원을 알지 못해서
꿈이 정말 꿈이란 걸 모를 때만
꿈은 존재할 수 있어.
알다시피, 이 세상을 지배하고 있는 사고체계들은
이 우주를 꿈으로 치부하지 않아.
에너지가 우주를
만들어냈다.
신께서 우주를
만들어냈다.
난 우주를
만들어내지 않았다.
세상의 지배적인 사고체계들은
이 꿈속 우주를 실재하는 것으로 만들려고 애쓰지.
넌 사회의 포로야.
넌 자연의 포로야.
넌 신의 포로야.

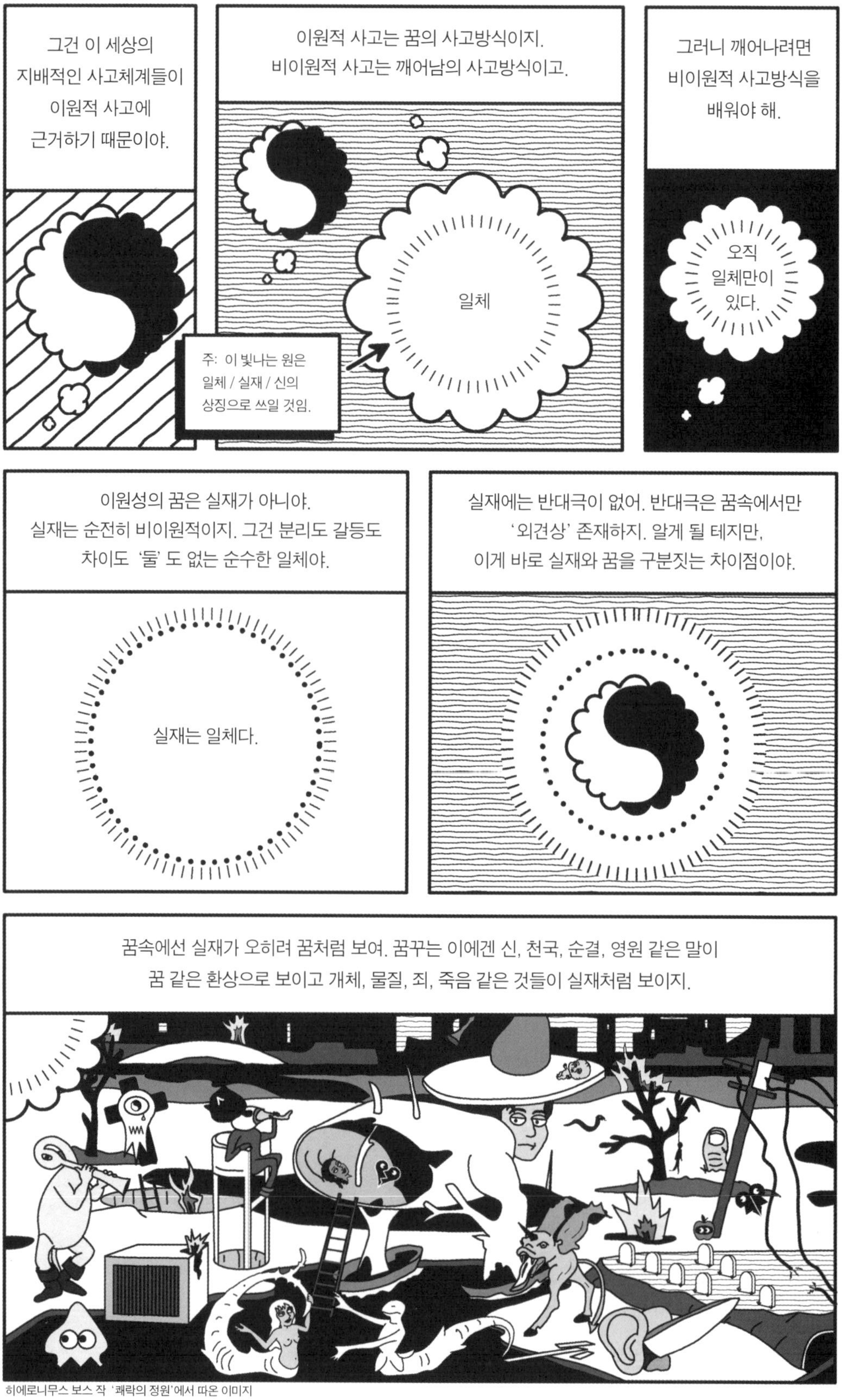

히에로니무스 보스 작 '쾌락의 정원'에서 따온 이미지

꿈꾸는 자가 빠지는 궁지가 그거야.
하지만 넌 다행히 이 책 덕분에
이 꿈 너머의 정보를 얻고 있어.
- 대중적이지만 결함투성이인 신학, 철학,
과학의 우주관은 상상도 못하는 정보를 말이야.
뇌가 어떻게 의식을 만들어내지?
뇌는 아니야.
신은 왜 우주를 창조했지?
신이 그러지 않았어
이 세상의 고통, 불행, 파괴, 갈등의 근원은 뭘까?
무의식 속의 죄책감이야.
삶의 의미는 뭘까?
깨어나는 것.
그리고 깨어나려면 무엇이 필요한지를 알게 돼.
- 순수비이원성의 힘을 동원해서
이 꿈을 해체시키는 법을 배울 거야.
깨어남을 숙제로 받아들일지 말지는 네게 달렸어.
꾸느냐, 깨느냐,
그것이 문제로다.
난 아직은 아니라고 생각한다면 그걸로 됐어. 준비된 사람들을 훼방하지만 않도록 자기 안의 선한 천사 편에 서줘.

하지만 장담컨대,
궁극의 깨어남만이
유일한 문제야.
그러니
이 책은 자장가가 아니라
잠을 깨우는
응원가가 될 거야. -
MESA
- 이 꿈이 시작된
'것처럼 보이던' 그때부터
줄곧 널 찔러 일깨우던
양심의 속삭임을
한껏 볼륨업 시킨 노래.
VOLUME
0 2 4 6 8 10
11 ONE LOUDER
자, 준비됐니?
깨어나서,
정신 나간 마음을 끝장낼 때야.
1:00
WAKE UP
깨어나려고
노력하지 않는다면
넌 죽으려고
애쓰고 있는 거야.
가자구!

chapter 1/9

이 꿈에 대한 과학적 고찰

가설의 반증을 중시하는 과학 덕분에
우리는 지난 수백 년 동안 이 우주에 관해
많은 것을 발견했지.
허블 망원경
하지만 발견을 해갈수록
아직도 발견해야 할 것이 훨씬 더 많이
남아 있다는 걸 깨닫게 됐어.
그건, 과학은 모르고 있지만,
꿈속에서 꿈을 이해하려는 모든 시도는
불완전하게 마련이기 때문이야.
완전하다면 꿈꾸던 이가 꿈을 깨겠지.
읽기를 배우세요.
쉽습니다!
못읽어 닷컴으로 가세요.
LAMAR
깨어나면
깨어난다!
못깨어 닷컴
LAMAR
1931년에 오스트리아의 수학자 쿠르트 괴델이
불완전성 정리라는 걸 발표했어.
불완전성 정리:
수학명제는 완전히 증명될 수 없다.
수학명제를 공식화하려면
그 형식체계 안에서는 증명되지 않는
수학적 진리를 동원해야만 하므로.
괴델의 발견은 의미심장했지. 그건 어떤 수학적 진술이
참인지 거짓인지를 논하는 데 쓰이는 모든 공식들은
자기자신을 참조해야만 하므로 불완전할 수밖에 없음을 보여준 거야.
논리공간 속의 전체 형식체계
증명됨
반증됨
불가지
괴델의
불완전성 정리의 뜻을
일상에 적용하자면 -

- 이 우주를 하나의 깔끔한 모델 안에 뭉뚱그려 넣으려는 연구는 최소한 자기모순을 일으킬 뿐만 아니라 십중팔구 명백히 불완전함을 깨닫게 된단 거야.
그건 우리가 이 우주의 그 무엇도 완전한 참임을 증명할 수가 없다는 뜻이야. - 그야 이 우주의 모든 건 궁극적으로 꿈이고 진짜가 아니니까 당연한 말이지만.
이 꿈속의 모든 것은 가짜다… 물론 이 말은 빼고.
그런 '비사실'들은 있다고 해도 확신을 심어주기에는 너무나 빈약해.
완전한 진실을 알려면, 이 우주 밖으로 나가야만 하는 거야.
하지만 우주 밖으로 나가면 우리는 꿈을 깨어버릴 테니까 이 우주도 꿈처럼 사라져버릴 거야. 이 우주가 가짜였음을 깨닫는 거지.
몸도 물론 우주의 일부니까 사라질 것이다.
우주가 사라지지 않았다면 우린 아직도 우주를 꿈꾸고 있는 거야. 또 다른 관점으로부터 말이야.

이 우주 속에서 우리는 한정된 관점에 갇혀 있어.
관점은 '인식'의
부산물이지.
무엇을 인식한다는 건
그걸 의식하는 상태야.
인식할 수 있는 무엇을
인식하지 못한다는 건
그것에 대해
무의식상태라는 거고.
인식은 이원적이어서
수용이나 거부에
좌우되므로 한정적이야.
그건 어떤 것을
배제하는 심판행위지.
IMAGE ADAPTED FROM
MESSAGE D'AMOUR DES DAUPHINS
SANDRO DEL-PRETE 1987
산호초 사이를 헤엄치는 열네 마리의 돌고래… 아닌가?
모든 것을 인식한다는 것은 무의식이 제거된다는 것.
- 모든 것을 의식함, 곧 온전한 의식을 뜻해.
의식을 상징함
의식은
빙산의 꼭대기와 같다.
무의식
무의식은
물속에 잠긴 부분과 같다.
온전한 의식은 꿈꾸기로 가거나 아니면
인식의 종식으로 가는 꼭지점이야.

그러니까
온전한 의식은
이 우주의 시작이자
끝인 셈이지.
지난 수십 년 사이에 과학의 관측과 발견들은
이 우주의 태초를 빅뱅까지 추적해갔지.
윌킨슨 극초단파 이등방성 탐사로켓
잔광 이미지: 빅뱅 40만년 후
'빅뱅'은 이 우주의 태초 상태와 그 이후에
발생한 일을 설명하는 천문학 모델이야.
BIG
BANG
우주는
72%의 암흑 에너지
23%의 암흑 물질
4.6%의 정상 물질
1% 이하의 중성미자로
이뤄져 있다.
우주의 나이는
137억년이다.
빅뱅 모델은
이 우주가 지극히 높은 밀도와 열이
농축된 미시적인 점으로부터 시작해서
외부로 팽창하면서 식어갔다고 설명하지.
10^{32}도
10^{-43}초
10^{27}도
10^{-34}초
그리고 우주는
오늘날까지도 계속 팽창하고 있어.
- 만물을 왔던 곳인 그 작은 점으로
붕괴돼 돌아가게 만드는
중력의 힘을 물리치는,
암흑 에너지라는 수수께끼의
힘에 의해서 말야.
10^{15}도
10^{-10}초
10^{10}도
1초
10^{9}도
3분
이런 걸 아는 건
멋져 보이긴 하지만,
'왜'라는 질문의
답은 되지 않아.
6000도
30만년
빅뱅처럼
보이는 것은
왜 일어났을까?
18도
10억년
절대온도 3도
137억년

'왜'라는 질문은 과학의 한계 밖에 있어. '왜'라는 질문은 심리학적인 질문이어서 꿈 밖에서만 대답될 수 있지. 꿈꾸는 마음과 깨어 있는 마음 사이에서 중개역할을 하는 마음의 부분에 의해서 말이야.
이 꿈속 우주에서 물질처럼 보이는 것들은 단지 꿈꾸는 이의 심리작용의 산물일 뿐이야.
필름=꿈꾸는 이의 심리작용
영사기
영화=우주
빅뱅은 우주의 맨 처음이 아니었어. 의식이 시초였지.
10^{32}도
10^{-43}초
많은 사람들이 의식에다 온갖 영적인 의미를 갖다붙이려고 하지.
신성 의식
그리스도 의식
고차원 의식
하지만 궁극적으로 의식은 이원성의 환영이야. 그건 실재가 아니라 꿈에 속한 것이지.
의식은 하나인 것을 둘로 갈라놓길 요구해. - 관찰자와 관찰물, 곧 주체와 대상 말이야.
주체
(관찰자)
대상
(관찰물)
그러니까 의식이란 이원적 타자성他者性을 즐기는 행위야. 그것이 인식의 기원이지.
의식
이원성
이건 객관적 관찰자 같은 것은 존재하지 않는단 뜻이야. 궁극적으로 이 우주에선 관찰자가 곧 관찰대상이지.
여럿으로 나타난 한마음이 관찰하고, 또한 관찰된다.
인식되는 그것이 곧 인식하는 자야.

꿈이 곧
꿈꾸는 자란
말이지.
그러니 의식은 우리를
잠들어 있게 하려는
속임수일 뿐이야.
우리는 거기에 빠져들지.
꿈꾸는 우리는 자신이 몸인 줄로 아니까.
그리고 그 몸이 하는 거짓말을
믿어버리지.
몸은 의식의 산물이야.
인식하려면
인식할 도구와 인식대상이 있어야 하는데
몸은 두 조건을
다 만족시키지.
몸은 다양한 형태를 취해.
몸들이 서로를 인식하려면
서로 다른 것처럼
보여야만 하니까 말이야.
몸의 아주 단순한 예는 전자야.
전자는 여타 소립자들과 다른 성질을 취하고,
그에 따라 그것들과 반응함으로써 환경을 인식해.
전자는 광자, 중성자,
다른 전자들 등, 다양한 소립자들과
저마다 달리 반응함으로써
이원적 차이를 인식한다.
E-
E-
N =
P +

원자도
하나의 몸이야.
세포도 마찬가지
식물도,
행성도,
하나의 몸이지.
모든 사물은 자기 차원의
몸을 갖고 있어. 그것들은
본질적으로 '생각으로' 만들어진
몸들이 모여 또 다른 몸을
만드는 식으로 생겨났지.
이 꿈속 우주의
모든 몸들은 생각이야.
그것은 분리의 생각,
이원성의 생각,
다시 말하자면
의식의 산물이지.
생각은 외부로 투사되면
소위 물질우주라는
집단 환영을 만들어내.
그러니까 투사된
생각은 곧 우리가 말하는
'에너지'야.
물질을 만들어내는 것은 극도로 농축된 에너지야.
아인슈타인의 방정식 E=MC²이
바로 그걸 말하고 있지.
물질에 담긴 에너지(E)는
그 질량(M)에 광속(C)의 제곱을
곱한 것과 같다.
에너지는 꿈을
만들어내는 생각이야.
환영을 지어내는
생각이지.

그러니까 우주의 물리법칙
'처럼 보이는 그것'도 단지 꿈꾸는
마음의 습관적 사고패턴일 뿐이야.
x축
y축
z축
과거의 습관적 반복
1.616252(81)x10-35 M
1+1=2
E=MC 2
F=MA
299,792,458 M/S
그 사고패턴이
몸이라는 물리적 세계
'처럼 보이는 것'을
지어내고
그 몸들은
특정한 환각 경험을
공유하는
도구로 쓰이지.
이 말은 곧 몸이
인식능력을 제한해서
한정된 채널 안에서만
교신이 일어나게
한다는 뜻이야.
예컨대, 인간의 귀는 20Hz에서
2만Hz 사이의 진동만을
감지할 수 있고
음파
인간의 눈은
가시광 주파수대
내의 전자파만을
감지할 수 있지.
라디오
극초단파
적외선
가시광선
자외선
엑스선
감마선
인체기능을 확장시켜주는 도구를 이용하면
몸의 습관적 한계 너머를 인식할 수도 있어.
하지만 도구 역시
그 자체의 한계를 가지고 있지.

도구란 퍼즐의 한 조각만을 볼 수 있다는 점뿐만 아니라
인간이 자신이 찾고자 하는 것을 찾아 계측하기 위해서만
그 도구를 만든다는 점에서도 한계를 내포하고 있어.
내 열쇠가 도대체
어디에 떨어졌지?
그러니 우리의 이 작은
꿈속 우주의 모델을 입증하려고
우리가 끌어모으는 정보는
불완전하게끔 되어 있어.
반증됨
입증됨
증거는 증명이 아니야.
우리의 모델을 입증하기 위해 댈 수 있는 증거가
기껏 불완전한 정보뿐이라면 우리의 모델은
왜곡되고 불완전하기 마련이지.
예컨대, 한 때는 태양이 지구 주위를 돈다고
할 만한 증거가 많이 있었어. 하지만 더 밝혀진
정보들 덕분에 이제 우리는 달리 알고 있지.
그리고 오늘날의 보편적인 과학개념들도
더 많은 발견 정보에 의해 똑같은 운명을
겪지 않으리라고는 아무도 장담 못해.
진화학상
인간이 유인원의
친척이라고 보는 생각을
살펴보자구.
그걸 누가 알겠어?
인간의 기원은
지금 우리가 생각하는
것과는 전혀
다를지도 몰라.

영화 '2001: 스페이스 오딧세이'

그러면 동일한 지구환경에 적응한 두 가지의 비슷한 온혈 두발 동물은 어느 별에서 왔건 간에 비슷한 DNA를 갖고 있을 걸로 예상할 수 있게 되지.
우린 우주 어디서든 생물학적 조건만 맞다면 DNA는 동일한 몸을 만들어낸다는 걸 깨닫게 될 거야. DNA는 어디서든 같은 방식으로 작용할 테니까.
하지만 인간의 몸이 유인원, 외계인, 양쪽 다, 아니면 다른 무엇으로부터 왔든 간에 그건 여전히 꼼짝없는 꿈속의 꼭두각시일 뿐이야.
몸의 진짜 기원은 우리의 꿈꾸는 마음이기 때문이지.
과학의 울타리 안에 존재하는 몸의 복잡한 꿈속 역사는 몸을 실재처럼 보이게 하려는 하나의 속임수일 뿐이야. 그건 몸의 진짜 기원을 한정된 정보의 미궁 속에 감춰놓지.
과학이란 반증가능한 비유를 만들어내는 학문이야. 그 비유는 몸을 주무르고 확장시키고 달래주는 도구를 만드는 데에 때론 유용하게 쓰이지.
ILY
페니실린

그래서 이 꿈속에선 과학이 편리해. 하지만 그것이 과학을 진리의 궁극적 심판관으로 만들어주진 않아. - 많은 사람들이 그렇게 악용하고 있지만…
HEAVILY PROMOTED BESTSELLER
CARL SAGAN
THE DEMON HAUNTED WORLD
SCIENCE AS A CANDLE IN THE DARK
HEAVILY PROMOTED BESTSELLER
The GOD Delusion
Richard Dawkins
〈악령이 출몰하는 세상〉 칼 세이건
〈만들어진 신〉 리처드 도킨스
과학은 광막한 환영의 세계를 뒤져 진리를 찾고 있어. 그리고
실재를 감추기 위해 만들어진 몸에게 실재가 뭔지 말해달라고 조르지.
그런 전제로라면 과학이 실패하게 되어 있는 것도 놀랄 일이 아니야.
진리는 안에 있지 밖에 있지 않아.
진정으로 알 수 있는 것은 일체뿐이야.
그럼에도 자신의 논리적 결론에 모든 걸 끼워맞추고 싶어하는 사람들에게 과학은 이 우주가 실로 덧없는 꿈임을 보여줄 증거를 완벽하게 제공해줄 수 있어. - 그 대표적인 예로 양자물리학을 보자구.
여러 가지가 있지만 예컨대 양자물리학은 -
- 관찰행위가 관찰되는 현상을 바꿔놓으며 -
다중우주 해석
쌍슬릿 실험
파동-입자 이중성
슈뢰딩거의 고양이
?
관찰자 효과
하이젠베르크의 불확정성 원리
- 만물이 양자 차원에서 연결되어 있어서 시공간에 구속받지 않음을 보여줬지.
비국소성
평행우주
벨의 정리
양자적 얽힘
초광속 교신
> 299,792,458 M/S
원격 공포액션

아, 물론 모든 사람이
이 발견의 진정한 의미를
기꺼이 수용하려 들진 않아.
그건 단지 꿈꾸는 자인
우리가 이 세상에다
우리가 원하는 것만 가르쳐주게끔
가르쳐놨기 때문이야.
다 우리의 설정이지.
그러니 우린 이 우주를
자신의 목적
(계속 자거나 깨거나)에 따라
보고 해석하는 거야.
하지만
우린 결국 깨닫게 되지 -
이 우주의 비진실성만이
우주의 유일한 진실이란 것을.
진실의 사회적 위계구조
신봉자의 수 신념의 이름
한 사람 망상
小그룹 사이비종교
中大그룹 종교, 철학, 문화
국가 정부
대부분의 사람 진리
꿈꾸는 사람의 관점에서 보면 이 우주는 실재처럼 보이기 때문에
이건 어려운 개념이야. 그래서 이 우주가 진짜가 아니라는
진실은 자기모순처럼 느껴지지.
하지만 자기모순처럼 보이는 그것은
단지 이 우주 속으로부터 알 수 있는
진실은 한계가 있다는 사실 때문이야.
이 우주에서 한정되지 않은 유일한 것은
이원성을 꿈꿈으로써 한계라는 개념을
꿈꾼 마음뿐이야.

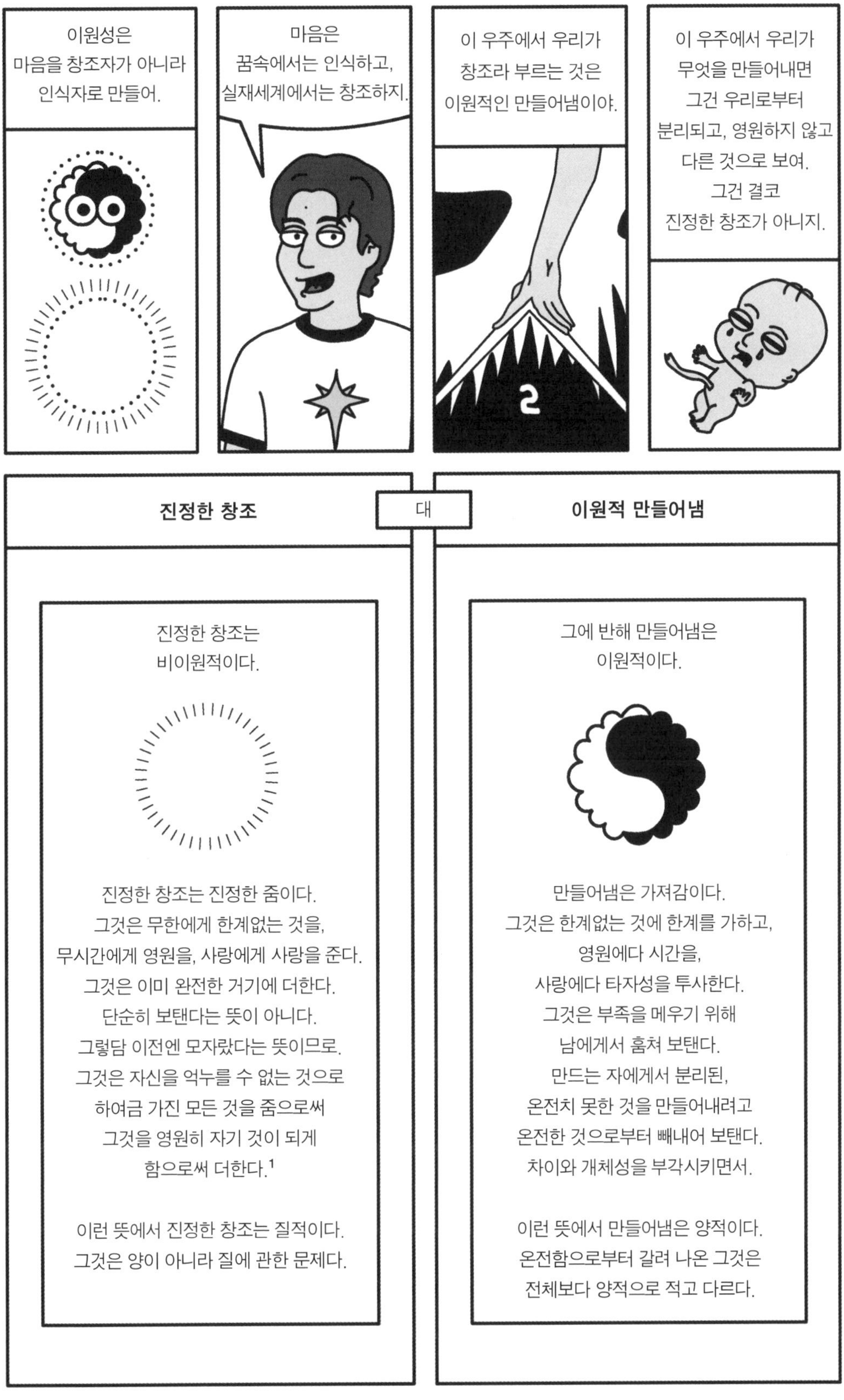
이원성은
마음을 창조자가 아니라
인식자로 만들어.
마음은
꿈속에서는 인식하고,
실재세계에서는 창조하지.
이 우주에서 우리가
창조라 부르는 것은
이원적인 만들어냄이야.
2
이 우주에서 우리가
무엇을 만들어내면
그건 우리로부터
분리되고, 영원하지 않고
다른 것으로 보여.
그건 결코
진정한 창조가 아니지.
진정한 창조
대
이원적 만들어냄
진정한 창조는
비이원적이다.
진정한 창조는 진정한 줌이다.
그것은 무한에게 한계없는 것을,
무시간에게 영원을, 사랑에게 사랑을 준다.
그것은 이미 완전한 거기에 더한다.
단순히 보탠다는 뜻이 아니다.
그렇담 이전엔 모자랐다는 뜻이므로.
그것은 자신을 억누를 수 없는 것으로
하여금 가진 모든 것을 줌으로써
그것을 영원히 자기 것이 되게
함으로써 더한다.[1]
이런 뜻에서 진정한 창조는 질적이다.
그것은 양이 아니라 질에 관한 문제다.
그에 반해 만들어냄은
이원적이다.
만들어냄은 가져감이다.
그것은 한계없는 것에 한계를 가하고,
영원에다 시간을,
사랑에다 타자성을 투사한다.
그것은 부족을 메우기 위해
남에게서 훔쳐 보탠다.
만드는 자에게서 분리된,
온전치 못한 것을 만들어내려고
온전한 것으로부터 빼내어 보탠다.
차이와 개체성을 부각시키면서.
이런 뜻에서 만들어냄은 양적이다.
온전함으로부터 갈려 나온 그것은
전체보다 양적으로 적고 다르다.

다 이해했어?
걱정 마.
이 모든 개념을
다 이해했다면
이 책이 필요하지도
않았을 거야.
앞으로
이 장에서 말한
개념들을
다양한 방법으로
다시 살펴볼 거야.
그러면 그 개념들이
퍼즐처럼 맞춰져서
좀더 분명히
이해될 거야.
인내심을 발휘해.
우선은 그저 이 우주가 하나의 꿈이란 것만 알아둬.
하나의 꿈을 꾸고 있는 하나의 마음이 있을 뿐이지만,
우린 한정된 시각으로부터 그 꿈을 경험하기 때문에 그게
'개체적 존재'와 '각 개인의 마음'이라는 우리의 착각을 부추기지.
영사기
사실 우주가
실재한다는 네 믿음을 빼고 나면
우주는 실재하지 않아.
이 우주는
실재할 수가 없어.
그래서
꿈이라는 거지.
다행히도, 신 덕분에!

chapter 2/9
꿈꾸는 탕아
이슈아라는 이름의 심리학의 대가에 대해 들어본 적 있어?
그는 이 책에 채워진 생각들을 내게 선물한 마음이야 -
- 이게 무슨 뜻인지는 끝에 가서 말해줄게.
두 번째 음절을 강하게 읽는 이슈아, 혹은 예슈아는 예수의 원래 이름이야.
예수는 그의 실제 이름이 이상하게 발음된 건데, 오늘날의 세상에서 이 이름은, 이슈아가 실제로 가르친 것과는 별 상관없는 타합주의 종교전통이 지어낸 어떤 행동대장 같은 인물을 가리키지.
기독교의 분파들 수만 개의 작은 지파들은 생략함
유대교
이슈아
초기기독교
에베소 공의회
칼케돈 공의회
대분열
종교개혁
심판교
복고교
개신교
성공회
서방교회
로마 카톨릭
동방교회
동방정교회
오리엔탈 정교회
네스토리우스교

그러니 네가
예수를 믿든 안 믿든 상관없어.
이 책에서는
이슈아에 대해서만 얘기할 거니까.
그 이슈아는
꿈에서 깨어날 수 있었던
어떤 마음이야.
WAKE UP
그는 깨어나서 자신의
'본성'을 깨달았지.
그걸 기독교 용어로는
'그리스도'라고 해.
그리스도란 우리의 깨어 있는, 온전한 하나의
마음이야. 그리스도는 신의 아들이지.
이슈아는 동물과 바위를 포함해서
너나 나나 그 누구보다 더도 덜도 아닌
신의 아들이었어.
그러니까, 자신이 예수라고 주장하면서 돌아다니는
미친 사람들도 생각만큼 정신 나간 건 아닌 셈이야.
나는 재림예수요.
적그리스도를 물리치게
쿵푸를 배울 돈이
필요하오.
이슈아는 탕아의 비유라는
쉽고 짤막한 비유를 사람들에게
즐겨 들려줬었지.

요약하자면,
그건 이런 이야기야.
한 아버지에게
두 아들이 있었어.
어느 날 작은 아들이
자신의 유산을
나눠달라고 했어.
아버지는 유산을 줬고
아들은 집을 떠나 혼자서 살기 시작했어.
아빠 안녕!
아들은 어리석게 이내 유산을 다 탕진하고
빈털터리가 되어 갈 곳 없는 신세가 됐지.
내가 쏜다!
돈
떨어졌으면
꺼져!
하지만 아들은 아버지에게로 돌아가기가 겁이 났어.
집을 나가더니 결국 유산을 다 탕진했다고
아버지가 벌을 내릴까봐서지.
결국 다
말아먹었군.
사서 한
고생이니
싸다 싸.
여기서
당장 나가!
그래서 아들은 결국 그에게 돼지 치는 일을
맡긴 사람과 특별한 관계를 맺었지.

그러다 결국 아들은 - 아직도 집을 떠난 일에 죄책감을 느꼈고 아버지의 징벌이 두려웠지만 - 집으로 돌아가기로 마음먹었어.
돌아갈 거야.
그가 돌아오자 아버지는 두 팔을 벌리고 맞이하며 아무 일도 일어나지 않았던 것처럼 잔치를 벌였지.
아들아, 영원히 내 곁에 있거라. 내가 가진 건 모두 네 거야. 당연히 기쁘게 잔치를 해야지 -
- 죽은 아들이 살아났고 잃었던 아들을 다시 찾았으니 말이다.
끝.. 그리고 시작.
이 이야기는 이 우주라는 꿈을 '비유'한 거야.
문자 그대로의 뜻이 아니라구!
아버지는 신을 가리키고, 우리는 아들이야.
근원
연장延長
신은 이 우주를 만들어내지 않았어. 우리가 만들었지. 우리는 물려받은 창조의 힘으로써 제멋대로 우주를 꿈꿨어. 우린 신과 분리되어 보이는 것을 만들어내고 싶었던 거야.
그런데 이제 우린 거기서 깨어나기가 두려워. 왜냐하면 꿈을 꿈으로써 우리는 신을 두려워하게 됐거든. 간단한 얘기지.
너는 나에게 죄를 지었으니 벌을 받아 마땅하도다.

우주 창조에 대한 이슈아의 이야기는
아담과 이브에 대한 옛날이야기와는 사뭇 달라.
아담 이브의 창조설화는 깨어난 마음의
비이원적 진실이 아니라 잠든 마음의 복잡한
이원적 믿음을 보여주고 있어
이원적 만들어냄
신은 이원적 세계를 만들고 아담이란 이름의 남자를 만들어
에덴동산이라는 낙원에서 살게 한다.
꼬임수
아담은 선악과를 따먹는 것 외에는 무엇이든
할 수 있도록 허락받는다.
그것을
먹는 날이면
분명 너는
죽으리라.
더 이원적인 지어냄
신은 아담의 배우자로 이브라는 이름의 여자를 만든다.
꼬임수에 넘어가다
이브는 뱀의 유혹에 넘어가 선악과를 따먹고 아담에게도 먹게 한다.
죄가 현실화하다
아담과 이브는 순결을 잃고 숨는다. 그러자 신이 그들을 발견하고
에덴동산에서 추방한다.
이슈아 시대의 가장 큰 종교는 유대교였기 때문에
이슈아의 가르침은 유대교 가르침의
한 해설판 쯤으로 변질되고 말지.
기성 기독교가 이슈아의 십자가상을
그토록 내세우는 이유도 그거야.
폴 고갱의 〈황색의 그리스도〉에서 따온 이미지
유대교가 다신숭배교를 일신숭배교로
대치한 것과 마찬가지로 -

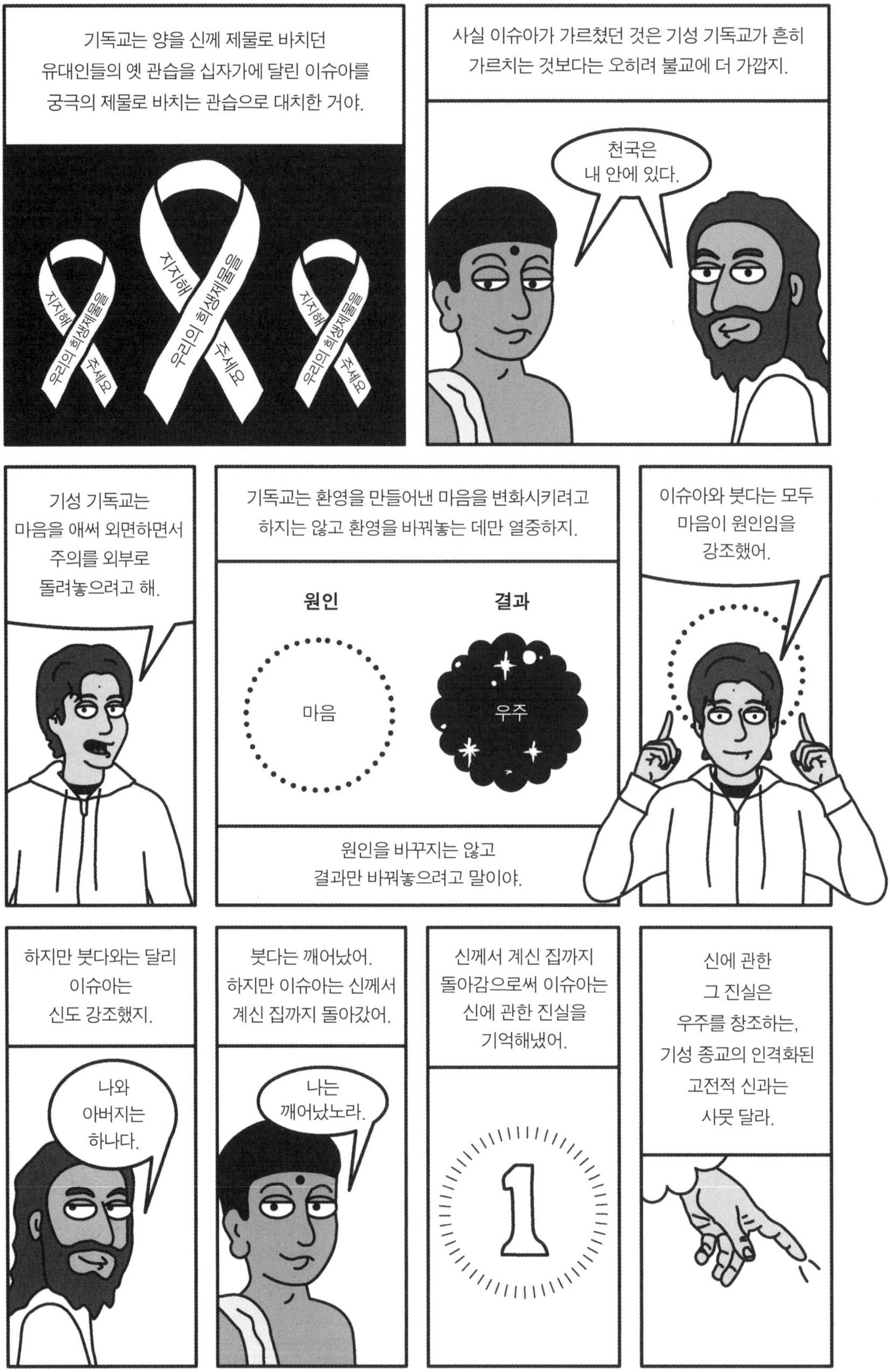
기독교는 양을 신께 제물로 바치던
유대인들의 옛 관습을 십자가에 달린 이슈아를
궁극의 제물로 바치는 관습으로 대치한 거야.
지지해
우리의 희생제물을
주세요
사실 이슈아가 가르쳤던 것은 기성 기독교가 흔히
가르치는 것보다는 오히려 불교에 더 가깝지.
천국은
내 안에 있다.
기성 기독교는
마음을 애써 외면하면서
주의를 외부로
돌려놓으려고 해.
기독교는 환영을 만들어낸 마음을 변화시키려고
하지는 않고 환영을 바꿔놓는 데만 열중하지.
원인
결과
마음
우주
원인을 바꾸지는 않고
결과만 바꿔놓으려고 말이야.
이슈아와 붓다는 모두
마음이 원인임을
강조했어.
하지만 붓다와는 달리
이슈아는
신도 강조했지.
나와
아버지는
하나다.
붓다는 깨어났어.
하지만 이슈아는 신께서
계신 집까지 돌아갔어.
나는
깨어났노라.
신께서 계신 집까지
돌아감으로써 이슈아는
신에 관한 진실을
기억해냈어.
1
신에 관한
그 진실은
우주를 창조하는,
기성 종교의 인격화된
고전적 신과는
사뭇 달라.

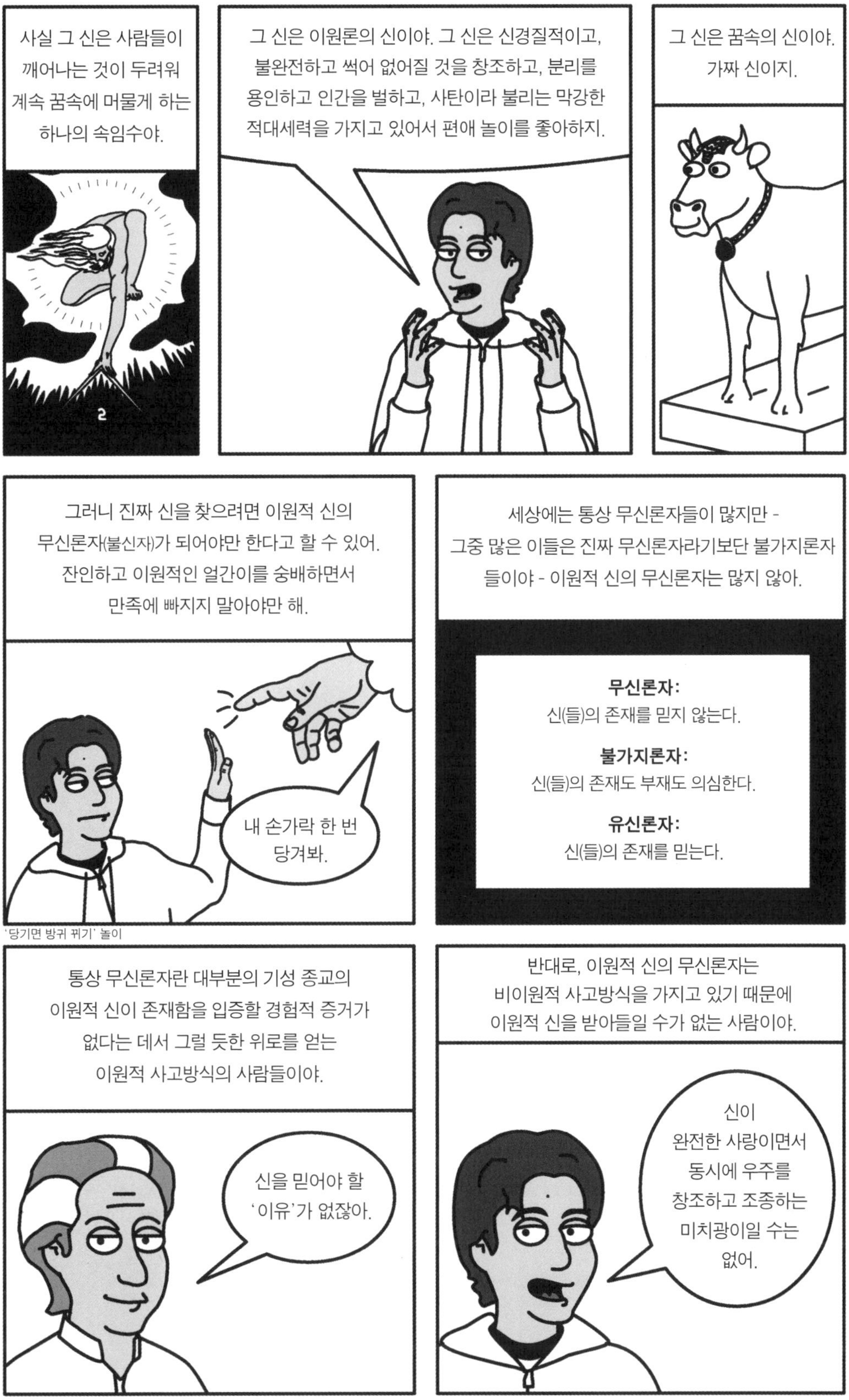
사실 그 신은 사람들이 깨어나는 것이 두려워 계속 꿈속에 머물게 하는 하나의 속임수야.
그 신은 이원론의 신이야. 그 신은 신경질적이고, 불완전하고 썩어 없어질 것을 창조하고, 분리를 용인하고 인간을 벌하고, 사탄이라 불리는 막강한 적대세력을 가지고 있어서 편애 놀이를 좋아하지.
그 신은 꿈속의 신이야. 가짜 신이지.
그러니 진짜 신을 찾으려면 이원적 신의 무신론자(불신자)가 되어야만 한다고 할 수 있어. 잔인하고 이원적인 얼간이를 숭배하면서 만족에 빠지지 말아야만 해.
내 손가락 한 번 당겨봐.
'당기면 방귀 뀌기' 놀이
세상에는 통상 무신론자들이 많지만 - 그중 많은 이들은 진짜 무신론자라기보단 불가지론자들이야 - 이원적 신의 무신론자는 많지 않아.
무신론자:
신(들)의 존재를 믿지 않는다.
불가지론자:
신(들)의 존재도 부재도 의심한다.
유신론자:
신(들)의 존재를 믿는다.
통상 무신론자란 대부분의 기성 종교의 이원적 신이 존재함을 입증할 경험적 증거가 없다는 데서 그럴 듯한 위로를 얻는 이원적 사고방식의 사람들이야.
신을 믿어야 할 '이유'가 없잖아.
반대로, 이원적 신의 무신론자는 비이원적 사고방식을 가지고 있기 때문에 이원적 신을 받아들일 수가 없는 사람이야.
신이 완전한 사랑이면서 동시에 우주를 창조하고 조종하는 미치광이일 수는 없어.

이원적 신의 무신론자는
이원적 신의 존재를 뒷받침하는 증거의 부재를
신은 이원적이지 않다는 증거로 삼지.
- 신이 존재하지 않는다는 건 아니야.
신은 이 우주를 창조하지 않았어. 하지만 그게 신이 존재하지 않는다는 뜻은 아니야.
이 세상에선 소수만이 진정 이원적 신의 무신론자지만
다수는 최소한 이원적 신의 불가지론자들이야.
그들은 신이 이원적이란 생각에 의심을 품고 있어.
대부분의 종교는 일종의 사교클럽일 뿐이어서
많은 사람들이 사회적응행위로서 건성
이원적 개념의 신을 옹호하지만,
깊은 속은 이원적 신의 불가지론자들이지.
명사들의 교회
이원적 신 불가지론자들의 사고방식은
사이비 이원론이어서 비이원론을 감추고 있어.
난 신은 완전한 사랑이라고 믿지만, 그걸 나머지 스토리와 어떻게 맞춰야 할지는 모르겠어.
성경의 마가복음과 마태복음은
이슈아를 이원적 신의 불가지론자로 만들려고 했어.
그들은 이슈아가 십자가에서 죽어가면서
이렇게 말했다고 주장했지.
신이시여, 왜 나를 버리시나이까?
이슈아가 했다는 성경의 많은 말들이 그렇지만
이것도 물론 엉터리야.

파르미자니노 작 '성 바오로의 개심'

말살된 도마 복음서가 오늘날 알려지게 된 것은
1945년 이집트의 나그 함마디에서
항아리에 봉인된 채 묻혀 있던
변조된 판본이 발견됐기 때문이야.
도마 복음서의 나그 함마디 본은
이슈아가 실제로 말하지 않았고 도마가 실제로
쓰지 않은 내용을 일부 포함하고 있어.
하지만 그래도
도마 복음서의 나그 함마디 본은
이슈아가 실제로 말하고 가르친
내용에 대한 가장 정확한
역사적 기록이야.
하지만 그건 이만큼만 해두자구.
의문투성이의 왜곡된 종교역사에
몰두하는 건 잠에 빠지는
지름길일 뿐이니까.
한 마디로 릴리귤러스야.
풍자 다큐멘터리 'Religulous' (religion+ridiculous)
뭐든 원래의 근원으로부터
멀어질수록 더욱 더
왜곡되게끔 되어 있어.
이건
연필이 아니다. -
- 하나의
상징도형일 뿐.
신이라는 근원도
마찬가지지.
이건
신이 아니다 -
- 하나의
상징도형일 뿐.
이슈아가 위대한 것은,
그가 '진짜' 신을
알았다는 점이야.
1
그는 완전히 깨어났고,
신께서 계신 집까지
돌아왔어.
이슈아는 진정한 신은
순수한 일체이고
순수히 비이원적이며
완전한 사랑임을 알았어.
완전한 사랑

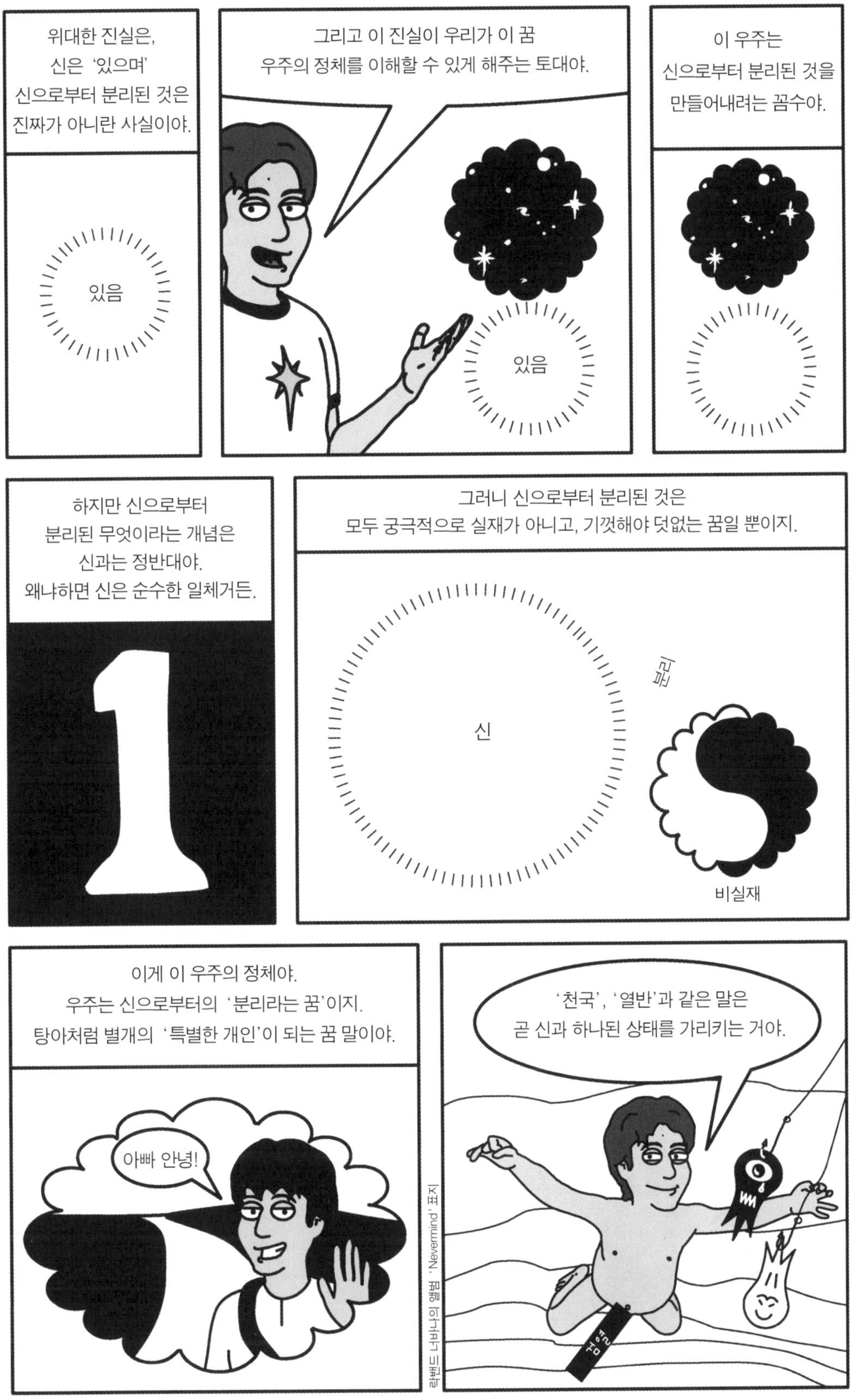

록밴드 너바나의 앨범 'Nevermind' 표지

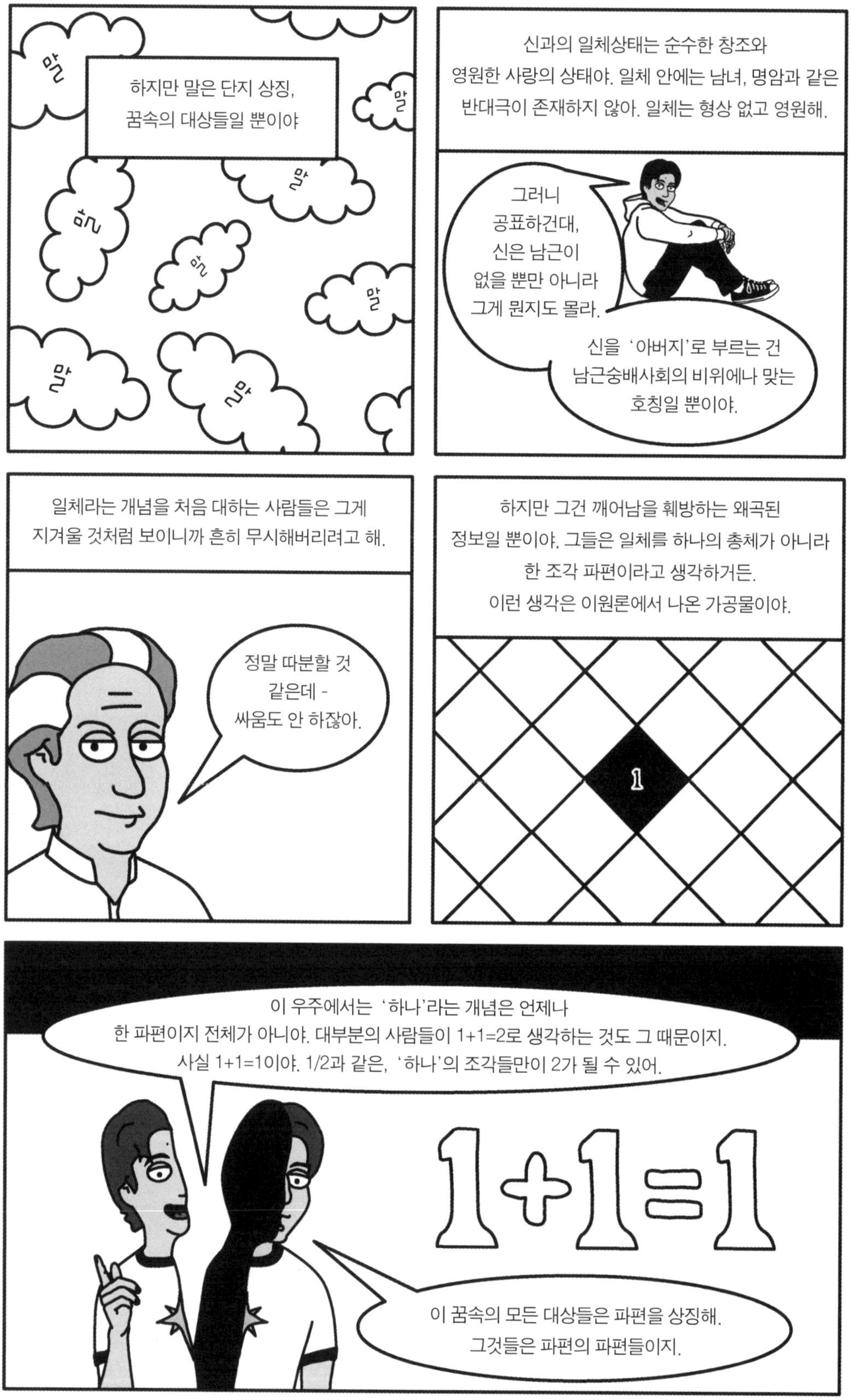
말
말
하지만 말은 단지 상징,
꿈속의 대상들일 뿐이야
말
말
말
말
말
말
신과의 일체상태는 순수한 창조와
영원한 사랑의 상태야. 일체 안에는 남녀, 명암과 같은
반대극이 존재하지 않아. 일체는 형상 없고 영원해.
그러니
공표하건대,
신은 남근이
없을 뿐만 아니라
그게 뭔지도 몰라.
신을 '아버지'로 부르는 건
남근숭배사회의 비위에나 맞는
호칭일 뿐이야.
일체라는 개념을 처음 대하는 사람들은 그게
지겨울 것처럼 보이니까 흔히 무시해버리려고 해.
정말 따분할 것
같은데 -
싸움도 안 하잖아.
하지만 그건 깨어남을 훼방하는 왜곡된
정보일 뿐이야. 그들은 일체를 하나의 총체가 아니라
한 조각 파편이라고 생각하거든.
이런 생각은 이원론에서 나온 가공물이야.
1
이 우주에서는 '하나'라는 개념은 언제나
한 파편이지 전체가 아니야. 대부분의 사람들이 1+1=2로 생각하는 것도 그 때문이지.
사실 1+1=1이야. 1/2과 같은, '하나'의 조각들만이 2가 될 수 있어.
1+1=1
이 꿈속의 모든 대상들은 파편을 상징해.
그것들은 파편의 파편들이지.

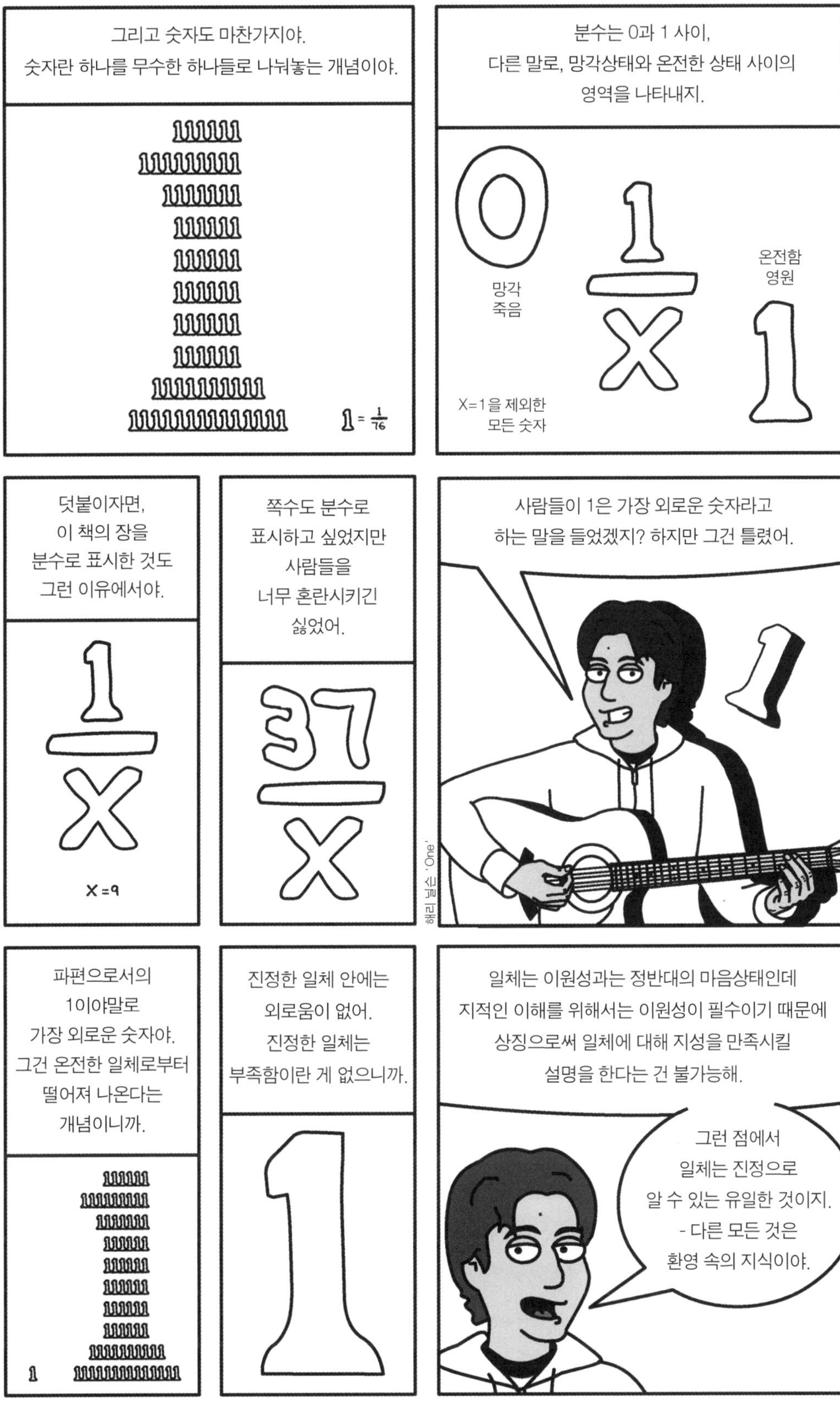

그리고 숫자도 마찬가지야.
숫자란 하나를 무수한 하나들로 나눠놓는 개념이야.
1 = 1/76
분수는 0과 1 사이,
다른 말로, 망각상태와 온전한 상태 사이의
영역을 나타내지.
망각
죽음
온전함
영원
X=1을 제외한
모든 숫자
덧붙이자면,
이 책의 장을
분수로 표시한 것도
그런 이유에서야.
X=9
쪽수도 분수로
표시하고 싶었지만
사람들을
너무 혼란시키긴
싫었어.
사람들이 1은 가장 외로운 숫자라고
하는 말을 들었겠지? 하지만 그건 틀렸어.
해리 닐슨 'One'
파편으로서의
1이야말로
가장 외로운 숫자야.
그건 온전한 일체로부터
떨어져 나온다는
개념이니까.
진정한 일체 안에는
외로움이 없어.
진정한 일체는
부족함이란 게 없으니까.
일체는 이원성과는 정반대의 마음상태인데
지적인 이해를 위해서는 이원성이 필수이기 때문에
상징으로써 일체에 대해 지성을 만족시킬
설명을 한다는 건 불가능해.
그런 점에서
일체는 진정으로
알 수 있는 유일한 것이지.
- 다른 모든 것은
환영 속의 지식이야.

이 꿈속에는 신과 하나된 상태를
기억나게 만드는 것들이 있어.
사랑하는 관계나 아름다움 같은 것 -
- 하지만 그것도 비교하기엔 지극히 미미해.
그건 실체를 대변해보려 나선
허망한 상징에 불과하지.
신은 일체이고 일체는 모든 상징 - 모든 파편들 - 너머에 있어. 그래서 신의 '형상'을 만들려 들지 말라는 거야.
결국 넌 신을 온전한 모습이 아니라 한 조각의 파편으로 만들어놓을 테니까. 신을 환영으로 만들어놓는 거지.
인격화된 신
수퍼맨처럼 강한 신
자연숭배교의 신
자연의 아름다움인 신
신의 대용물
세상에서 발견한 신
상징은
경험이 아니야.
APPLE
하지만 상징은
이 꿈을 빠져나가
경험으로 가는 길을
가리켜줄 수 있어.
빠져나갈 길이
없다면
이 꿈이 진짜인 거고.
하지만 다행히도
이건 꿈이니
그런 일은 있을 수 없어.

chapter 3/9

불가능한 일이 일어나지 않은 경위

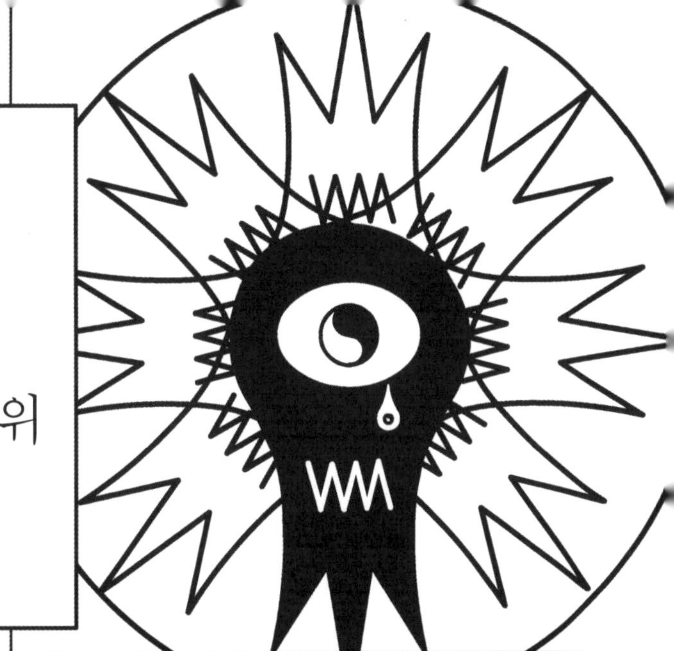

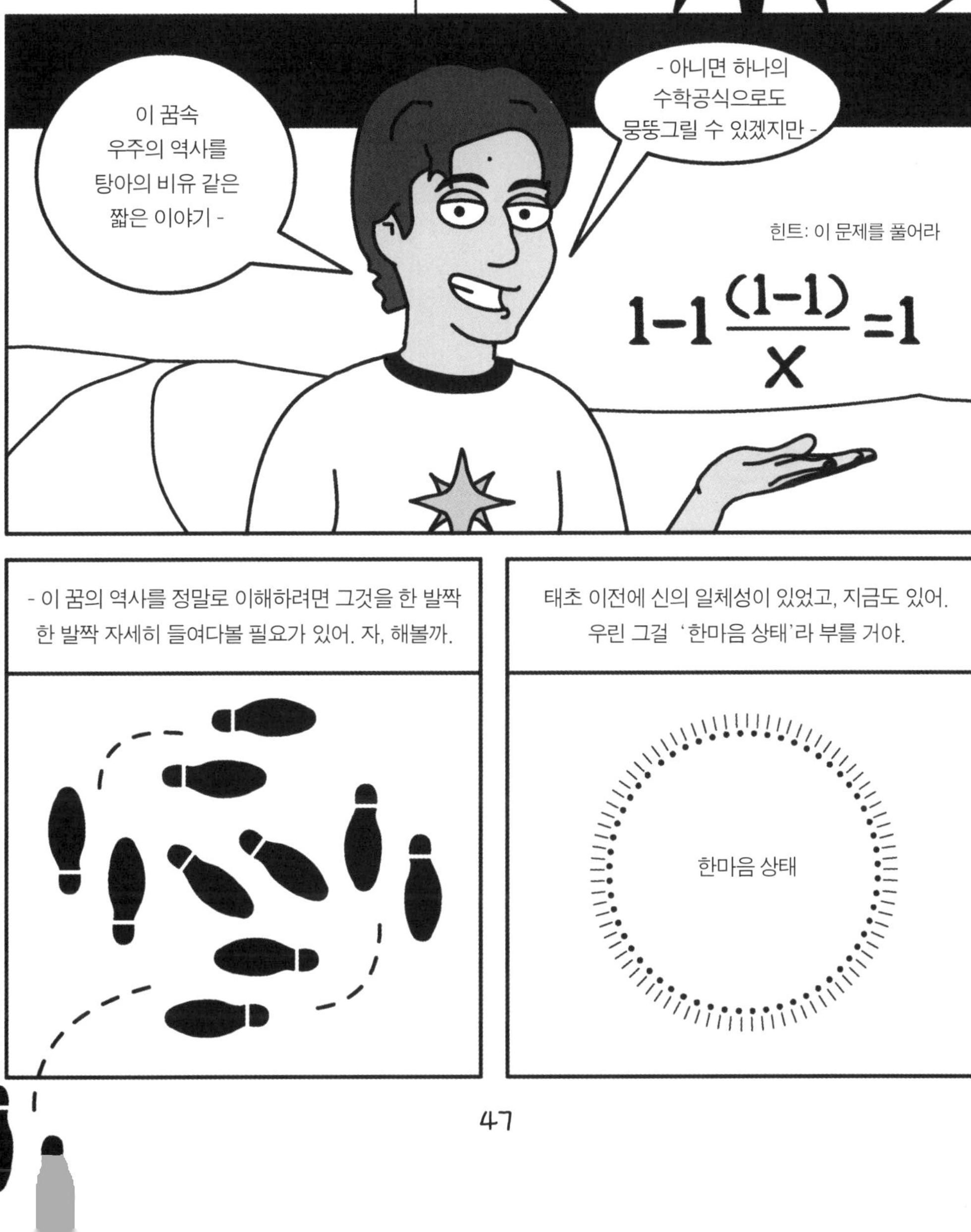

일체 안에서는
태초와 종말과 같은 개념이
있을 수 없어.
그러니 대부분의
사람들은 자연히,
그럼 그 불가능한 일이
어떻게 일어났느냐고
묻게 되지.
짧게 대답하자면
일어나지 않았어.
그러니까
일어났다는 식으로
자꾸 묻진 말아줘.
일체의
천국같은 사랑이
정말 만족스러웠으면
우리가 왜 떠날
꿈을 꿨겠어?
신이 완벽하고
하나라면 그런 마음속에서
어떻게 불완전한 생각이
일어날 수가 있냐구.
깨어난다고 하더라도
다시 잠에 빠지지 않는다고
어떻게 장담하겠어?
꿈은 진짜가 아니야.
그러니 그건, 꿈꾸는
이들이 착각하듯이,
정말로 일어나는
일은 아니야.
신은 이 꿈에 대해선 아는 바가 없어.
다행히도 신은 미치지 않았으니까. 신의 실재 속에선
이 꿈은 시작하자마자 끝나버렸어.
그런데 이 꿈속에는 실재에는
없는 것이 있는데, 우리 눈에 꿈이
'지속되는' 것처럼 보이게 만드는 것
- 바로 '시간'이야.
시간이란
영원을 쪼개진 것처럼
보이게 함으로써
만들어진
분리개념이야.

시간이라는 개념으로부터 시작과 끝이 생겨났어.
시간은 공간과 서로 엮여서
아인슈타인이 말한 '시공간'을 이루지.
그리고 우주를 잘 연구해본 유능한 물리학자라면
누구나 시공간의 가변성을 증명할 수 있어.
광속에서는 시간이 멈춘다. 물체가 광속에 접근하면 질량이 무한대에 가까워진다. 광속 가까이 움직이는 우주선이나, 블랙홀의 사건지평선에 있는 사람은 (지구시간으로) 몇 분 만에 수백수천, 심지어는 수백만 년 미래로 여행할 수 있다.
시공간은 분리개념이니까 당연히 실재가 아니야.
실재에서는 너와 신 사이에 시공간이 없어.
너와 나 사이에도 마찬가지고. 나는 너, 너는 나야.
그리고 우린 실재 안에서 신과 하나야.
일체성 안에선
이러시면 안 됩니다
우린 본질적으로 신의 자녀야.
그리스도라고도 하지.
그러니 우리의 창조자, 근원은 신이야.
우리는 신의 무한히 창조적인 연장延長이야.
신이 끝나고 우리가 시작되는 경계 같은 것은 없어.
우리는 한마음이야.
신이 모르는 것은 존재하지 않아.
그리고 신이 아는 것은 영원히
변함없이 존재해.[1]
이 말을 잠시 잘 음미해 보라구.

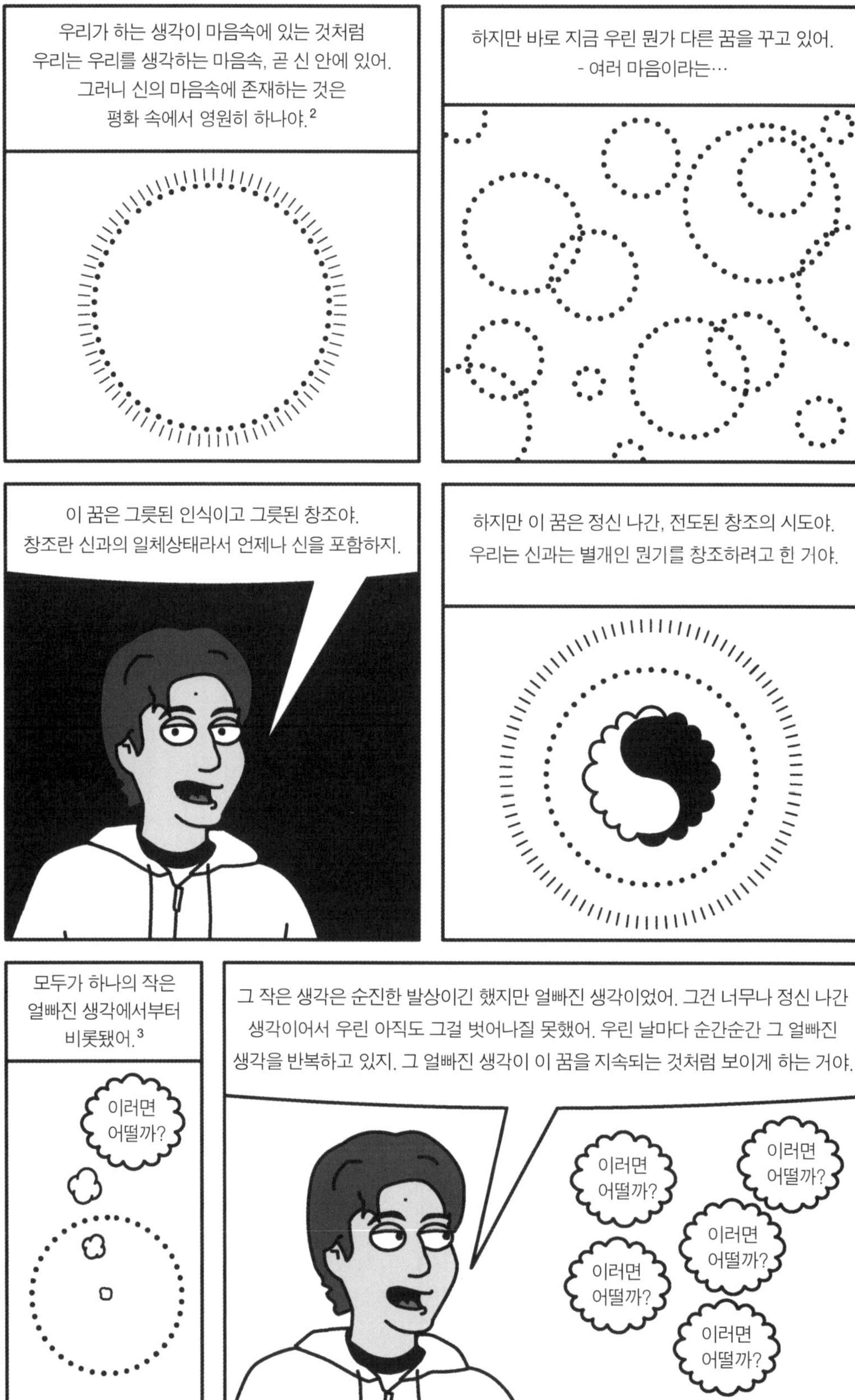
우리가 하는 생각이 마음속에 있는 것처럼
우리는 우리를 생각하는 마음속, 곧 신 안에 있어.
그러니 신의 마음속에 존재하는 것은
평화 속에서 영원히 하나야.[2]
하지만 바로 지금 우린 뭔가 다른 꿈을 꾸고 있어.
- 여러 마음이라는…
이 꿈은 그릇된 인식이고 그릇된 창조야.
창조란 신과의 일체상태라서 언제나 신을 포함하지.
하지만 이 꿈은 정신 나간, 전도된 창조의 시도야.
우리는 신과는 별개인 뭔기를 창조하려고 힌 거야.
모두가 하나의 작은
얼빠진 생각에서부터
비롯됐어.[3]
이러면
어떨까?
그 작은 생각은 순진한 발상이긴 했지만 얼빠진 생각이었어. 그건 너무나 정신 나간
생각이어서 우린 아직도 그걸 벗어나질 못했어. 우린 날마다 순간순간 그 얼빠진
생각을 반복하고 있지. 그 얼빠진 생각이 이 꿈을 지속되는 것처럼 보이게 하는 거야.
이러면
어떨까?
이러면
어떨까?
이러면
어떨까?
이러면
어떨까?
이러면
어떨까?

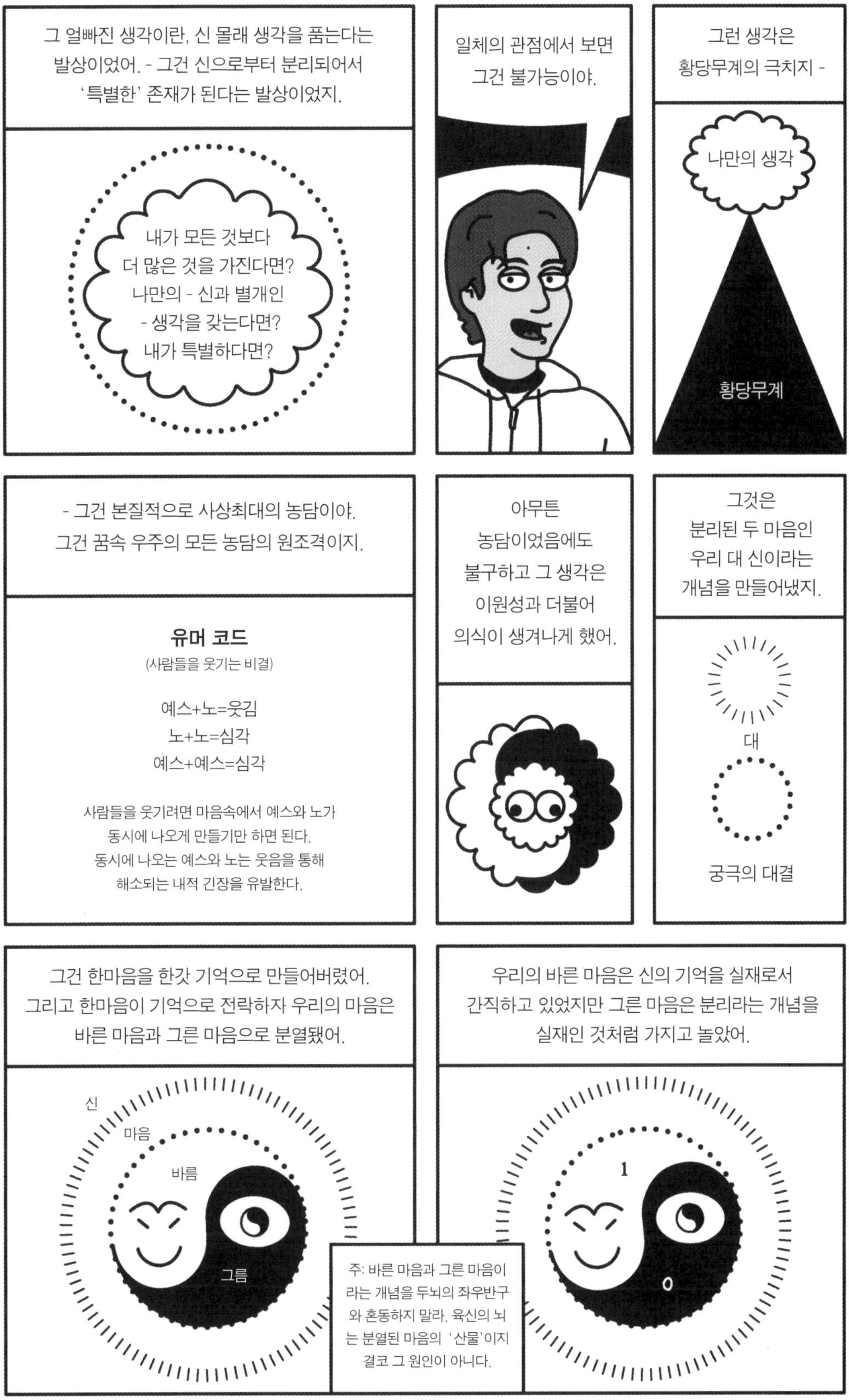

그 얼빠진 생각이란, 신 몰래 생각을 품는다는 발상이었어. - 그건 신으로부터 분리되어서 '특별한' 존재가 된다는 발상이었지.
내가 모든 것보다 더 많은 것을 가진다면? 나만의 - 신과 별개인 - 생각을 갖는다면? 내가 특별하다면?
일체의 관점에서 보면 그건 불가능이야.
그런 생각은 황당무계의 극치지 -
나만의 생각
황당무계
- 그건 본질적으로 사상최대의 농담이야. 그건 꿈속 우주의 모든 농담의 원조격이지.
유머 코드
(사람들을 웃기는 비결)
예스+노=웃김
노+노=심각
예스+예스=심각
사람들을 웃기려면 마음속에서 예스와 노가 동시에 나오게 만들기만 하면 된다. 동시에 나오는 예스와 노는 웃음을 통해 해소되는 내적 긴장을 유발한다.
아무튼 농담이었음에도 불구하고 그 생각은 이원성과 더불어 의식이 생겨나게 했어.
그것은 분리된 두 마음인 우리 대 신이라는 개념을 만들어냈지.
대
궁극의 대결
그건 한마음을 한갓 기억으로 만들어버렸어. 그리고 한마음이 기억으로 전락하자 우리의 마음은 바른 마음과 그른 마음으로 분열됐어.
신
마음
바름
그름
우리의 바른 마음은 신의 기억을 실재로서 간직하고 있었지만 그른 마음은 분리라는 개념을 실재인 것처럼 가지고 놀았어.
1
0
주: 바른 마음과 그른 마음이라는 개념을 두뇌의 좌우반구와 혼동하지 말라. 육신의 뇌는 분열된 마음의 '산물'이지 결코 그 원인이 아니다.

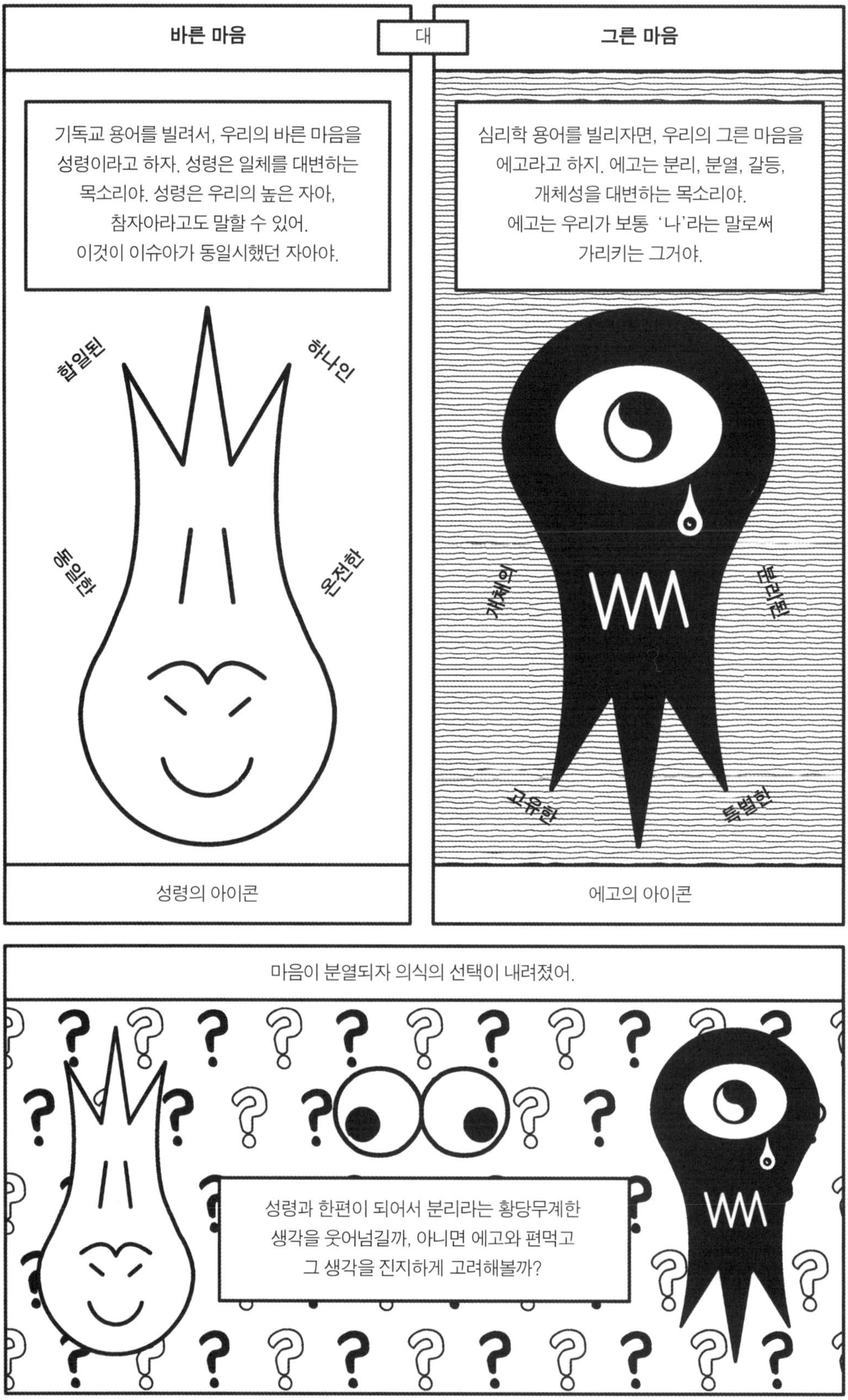
바른 마음
대
그른 마음
기독교 용어를 빌려서, 우리의 바른 마음을 성령이라고 하자. 성령은 일체를 대변하는 목소리야. 성령은 우리의 높은 자아, 참자아라고도 말할 수 있어. 이것이 이슈아가 동일시했던 자아야.
합일된
하나인
동일한
온전한
성령의 아이콘
심리학 용어를 빌리자면, 우리의 그른 마음을 에고라고 하지. 에고는 분리, 분열, 갈등, 개체성을 대변하는 목소리야. 에고는 우리가 보통 '나'라는 말로써 가리키는 그거야.
개체의
분리된
고유한
특별한
에고의 아이콘
마음이 분열되자 의식의 선택이 내려졌어.
성령과 한편이 되어서 분리라는 황당무계한 생각을 웃어넘길까, 아니면 에고와 편먹고 그 생각을 진지하게 고려해볼까?

뻔하지만, 우린 바보같이 그 농담을 심각하게 받아들이는 바람에 그른 마음인 에고와 같은편이 돼버렸어. 우리가 지금 '외견상' 이곳에 있는 것도 그 때문이지.

유머 코드

예스+노=웃김
노+노=심각
예스+예스=심각

환영=예스

환영+노=웃김
환영+예스=심각

코미디언 피 위 허만의 유행어

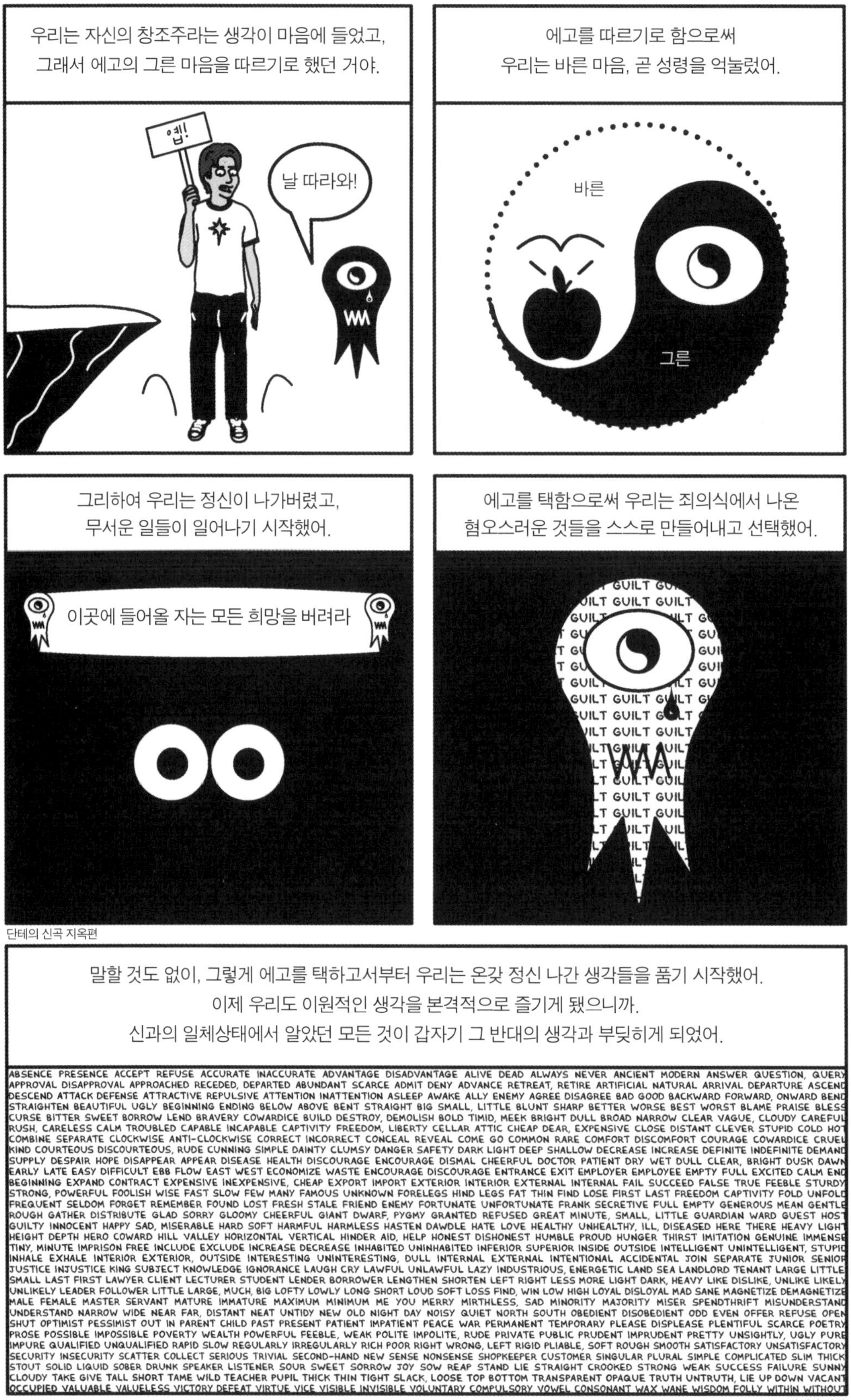
우리는 자신의 창조주라는 생각이 마음에 들었고,
그래서 에고의 그른 마음을 따르기로 했던 거야.
옙!
날 따라와!
에고를 따르기로 함으로써
우리는 바른 마음, 곧 성령을 억눌렀어.
바른
그른
그리하여 우리는 정신이 나가버렸고,
무서운 일들이 일어나기 시작했어.
이곳에 들어올 자는 모든 희망을 버려라
단테의 신곡 지옥편
에고를 택함으로써 우리는 죄의식에서 나온
혐오스러운 것들을 스스로 만들어내고 선택했어.
GUILT GUILT GUILT
말할 것도 없이, 그렇게 에고를 택하고서부터 우리는 온갖 정신 나간 생각들을 품기 시작했어.
이제 우리도 이원적인 생각을 본격적으로 즐기게 됐으니까.
신과의 일체상태에서 알았던 모든 것이 갑자기 그 반대의 생각과 부딪히게 되었어.
ABSENCE PRESENCE ACCEPT REFUSE ACCURATE INACCURATE ADVANTAGE DISADVANTAGE ALIVE DEAD ALWAYS NEVER ANCIENT MODERN ANSWER QUESTION, QUERY
APPROVAL DISAPPROVAL APPROACHED RECEDED, DEPARTED ABUNDANT SCARCE ADMIT DENY ADVANCE RETREAT, RETIRE ARTIFICIAL NATURAL ARRIVAL DEPARTURE ASCEND
DESCEND ATTACK DEFENSE ATTRACTIVE REPULSIVE ATTENTION INATTENTION ASLEEP AWAKE ALLY ENEMY AGREE DISAGREE BAD GOOD BACKWARD FORWARD, ONWARD BEND
STRAIGHTEN BEAUTIFUL UGLY BEGINNING ENDING BELOW ABOVE BENT STRAIGHT BIG SMALL, LITTLE BLUNT SHARP BETTER WORSE BEST WORST BLAME PRAISE BLESS
CURSE BITTER SWEET BORROW LEND BRAVERY COWARDICE BUILD DESTROY, DEMOLISH BOLD TIMID, MEEK BRIGHT DULL BROAD NARROW CLEAR VAGUE, CLOUDY CAREFUL
RUSH, CARELESS CALM TROUBLED CAPABLE INCAPABLE CAPTIVITY FREEDOM, LIBERTY CELLAR ATTIC CHEAP DEAR, EXPENSIVE CLOSE DISTANT CLEVER STUPID COLD HOT
COMBINE SEPARATE CLOCKWISE ANTI-CLOCKWISE CORRECT INCORRECT CONCEAL REVEAL COME GO COMMON RARE COMFORT DISCOMFORT COURAGE COWARDICE CRUEL
KIND COURTEOUS DISCOURTEOUS, RUDE CUNNING SIMPLE DAINTY CLUMSY DANGER SAFETY DARK LIGHT DEEP SHALLOW DECREASE INCREASE DEFINITE INDEFINITE DEMAND
SUPPLY DESPAIR HOPE DISAPPEAR APPEAR DISEASE HEALTH DISCOURAGE ENCOURAGE DISMAL CHEERFUL DOCTOR PATIENT DRY WET DULL CLEAR, BRIGHT DUSK DAWN
EARLY LATE EASY DIFFICULT EBB FLOW EAST WEST ECONOMIZE WASTE ENCOURAGE DISCOURAGE ENTRANCE EXIT EMPLOYER EMPLOYEE EMPTY FULL EXCITED CALM END
BEGINNING EXPAND CONTRACT EXPENSIVE INEXPENSIVE, CHEAP EXPORT IMPORT EXTERIOR INTERIOR EXTERNAL INTERNAL FAIL SUCCEED FALSE TRUE FEEBLE STURDY
STRONG, POWERFUL FOOLISH WISE FAST SLOW FEW MANY FAMOUS UNKNOWN FORELEGS HIND LEGS FAT THIN FIND LOSE FIRST LAST FREEDOM CAPTIVITY FOLD UNFOLD
FREQUENT SELDOM FORGET REMEMBER FOUND LOST FRESH STALE FRIEND ENEMY FORTUNATE UNFORTUNATE FRANK SECRETIVE FULL EMPTY GENEROUS MEAN GENTLE
ROUGH GATHER DISTRIBUTE GLAD SORRY GLOOMY CHEERFUL GIANT DWARF, PYGMY GRANTED REFUSED GREAT MINUTE, SMALL, LITTLE GUARDIAN WARD GUEST HOST
GUILTY INNOCENT HAPPY SAD, MISERABLE HARD SOFT HARMFUL HARMLESS HASTEN DAWDLE HATE LOVE HEALTHY UNHEALTHY, ILL, DISEASED HERE THERE HEAVY LIGHT
HEIGHT DEPTH HERO COWARD HILL VALLEY HORIZONTAL VERTICAL HINDER AID, HELP HONEST DISHONEST HUMBLE PROUD HUNGER THIRST IMITATION GENUINE IMMENSE
TINY, MINUTE IMPRISON FREE INCLUDE EXCLUDE INCREASE DECREASE INHABITED UNINHABITED INFERIOR SUPERIOR INSIDE OUTSIDE INTELLIGENT UNINTELLIGENT, STUPID
INHALE EXHALE INTERIOR EXTERIOR, OUTSIDE INTERESTING UNINTERESTING, DULL INTERNAL EXTERNAL INTENTIONAL ACCIDENTAL JOIN SEPARATE JUNIOR SENIOR
JUSTICE INJUSTICE KING SUBJECT KNOWLEDGE IGNORANCE LAUGH CRY LAWFUL UNLAWFUL LAZY INDUSTRIOUS, ENERGETIC LAND SEA LANDLORD TENANT LARGE LITTLE
SMALL LAST FIRST LAWYER CLIENT LECTURER STUDENT LENDER BORROWER LENGTHEN SHORTEN LEFT RIGHT LESS MORE LIGHT DARK, HEAVY LIKE DISLIKE, UNLIKE LIKELY
UNLIKELY LEADER FOLLOWER LITTLE LARGE, MUCH, BIG LOFTY LOWLY LONG SHORT LOUD SOFT LOSS FIND, WIN LOW HIGH LOYAL DISLOYAL MAD SANE MAGNETIZE DEMAGNETIZE
MALE FEMALE MASTER SERVANT MATURE IMMATURE MAXIMUM MINIMUM ME YOU MERRY MIRTHLESS, SAD MINORITY MAJORITY MISER SPENDTHRIFT MISUNDERSTAND
UNDERSTAND NARROW WIDE NEAR FAR, DISTANT NEAT UNTIDY NEW OLD NIGHT DAY NOISY QUIET NORTH SOUTH OBEDIENT DISOBEDIENT ODD EVEN OFFER REFUSE OPEN
SHUT OPTIMIST PESSIMIST OUT IN PARENT CHILD PAST PRESENT PATIENT IMPATIENT PEACE WAR PERMANENT TEMPORARY PLEASE DISPLEASE PLENTIFUL SCARCE POETRY
PROSE POSSIBLE IMPOSSIBLE POVERTY WEALTH POWERFUL FEEBLE, WEAK POLITE IMPOLITE, RUDE PRIVATE PUBLIC PRUDENT IMPRUDENT PRETTY UNSIGHTLY, UGLY PURE
IMPURE QUALIFIED UNQUALIFIED RAPID SLOW REGULARLY IRREGULARLY RICH POOR RIGHT WRONG, LEFT RIGID PLIABLE, SOFT ROUGH SMOOTH SATISFACTORY UNSATISFACTORY
SECURITY INSECURITY SCATTER COLLECT SERIOUS TRIVIAL SECOND-HAND NEW SENSE NONSENSE SHOPKEEPER CUSTOMER SINGULAR PLURAL SIMPLE COMPLICATED SLIM THICK
STOUT SOLID LIQUID SOBER DRUNK SPEAKER LISTENER SOUR SWEET SORROW JOY SOW REAP STAND LIE STRAIGHT CROOKED STRONG WEAK SUCCESS FAILURE SUNNY
CLOUDY TAKE GIVE TALL SHORT TAME WILD TEACHER PUPIL THICK THIN TIGHT SLACK, LOOSE TOP BOTTOM TRANSPARENT OPAQUE TRUTH UNTRUTH, LIE UP DOWN VACANT
OCCUPIED VALUABLE VALUELESS VICTORY DEFEAT VIRTUE VICE VISIBLE INVISIBLE VOLUNTARY COMPULSORY VOWEL CONSONANT WAX WANE WISDOM FOLLY WITHIN WITHOUT
반대말 사전

우리는 우리가 천국을 파괴하고 신을 죽였다고 믿기 시작했어. 에고는 우리에게 그 생각을 '죄'로 번역해줬지. 죄에 대한 믿음과 함께 벌과 두려움이라는 개념도 생겨났어. - 그게 신을 마치 우리의 적처럼 보이게 만들었지.
여기, 무덤에서 일어나 죽음보다 끔찍한 복수를 해올 살인마 좀비, 신이 눕다

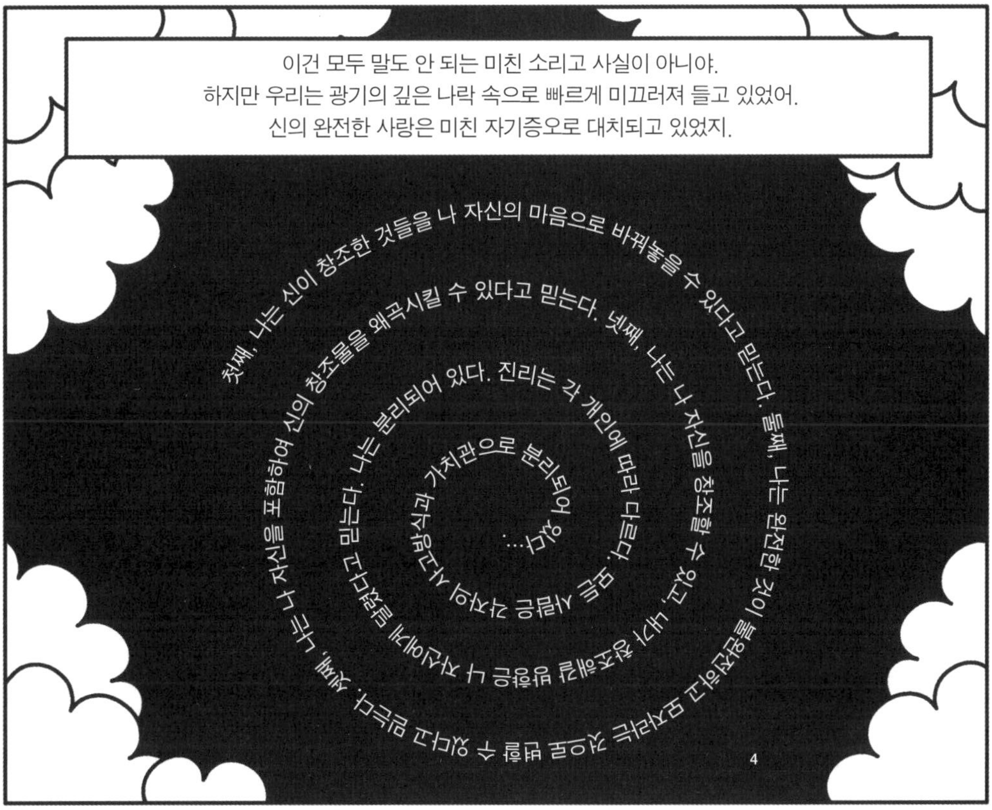
이건 모두 말도 안 되는 미친 소리고 사실이 아니야. 하지만 우리는 광기의 깊은 나락 속으로 빠르게 미끄러져 들고 있었어. 신의 완전한 사랑은 미친 자기증오로 대치되고 있었지.
첫째, 나는 신이 창조한 것들을 나 자신의 마음으로 바꿔놓을 수 있다고 믿는다. 둘째, 나는 완전한 것이 불완전하고 모자라는 것으로 변할 수 있다고 믿는다. 셋째, 나는 나 자신을 포함하여 신의 창조물을 왜곡시킬 수 있다고 믿는다. 넷째, 나는 나 자신을 창조할 수 있고, 내가 창조해야 하는 나 자신에게 달렸다고 믿는다. 나는 분리되어 있다. 진리는 각 개인에 따라 다르다. 모든 사람들 각자의 사고방식과 가치관으로 분리되어 있다……
4

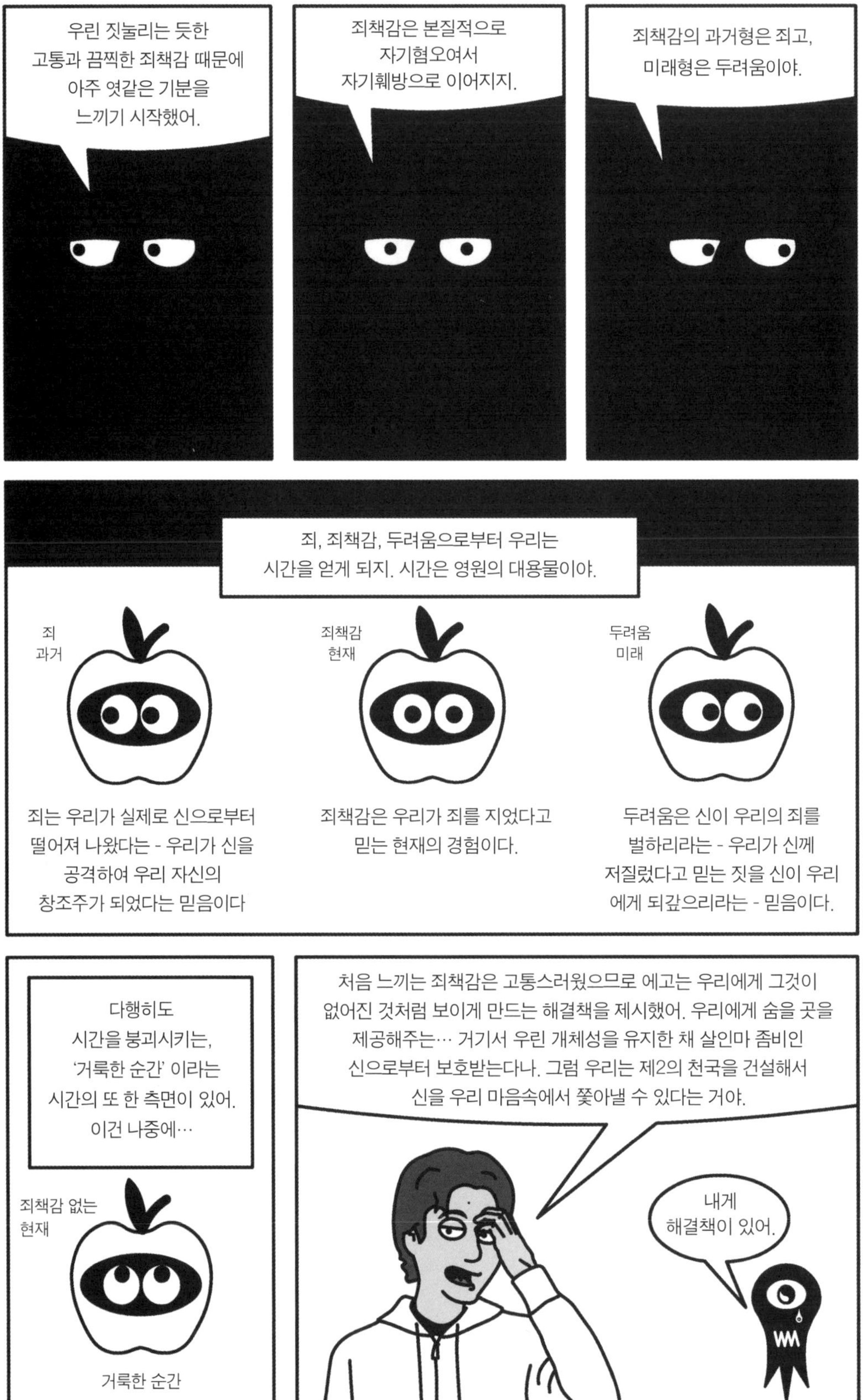
우린 짓눌리는 듯한 고통과 끔찍한 죄책감 때문에 아주 엿같은 기분을 느끼기 시작했어.
죄책감은 본질적으로 자기혐오여서 자기훼방으로 이어지지.
죄책감의 과거형은 죄고, 미래형은 두려움이야.
죄, 죄책감, 두려움으로부터 우리는 시간을 얻게 되지. 시간은 영원의 대용물이야.
죄
과거
죄책감
현재
두려움
미래
죄는 우리가 실제로 신으로부터 떨어져 나왔다는 - 우리가 신을 공격하여 우리 자신의 창조주가 되었다는 믿음이다
죄책감은 우리가 죄를 지었다고 믿는 현재의 경험이다.
두려움은 신이 우리의 죄를 벌하리라는 - 우리가 신께 저질렀다고 믿는 짓을 신이 우리에게 되갚으리라는 - 믿음이다.
다행히도 시간을 붕괴시키는, '거룩한 순간' 이라는 시간의 또 한 측면이 있어. 이건 나중에…
죄책감 없는
현재
거룩한 순간
처음 느끼는 죄책감은 고통스러웠으므로 에고는 우리에게 그것이 없어진 것처럼 보이게 만드는 해결책을 제시했어. 우리에게 숨을 곳을 제공해주는… 거기서 우린 개체성을 유지한 채 살인마 좀비인 신으로부터 보호받는다나. 그럼 우리는 제2의 천국을 건설해서 신을 우리 마음속에서 쫓아낼 수 있다는 거야.
내게 해결책이 있어.

그리하여 그와 함께 빅뱅이,
아니 좀 더 정확히는, 빅 투사가 일어났어.
영사기
에고는 신과의 외견상 분리에 관한, 죄책감에 짓눌린
우리의 정신 나간 신념체계를 '부인'했어.
그래서 그것은 무의식이 되었지.
죄책감의
빙산
의식적
죄책감
부인
무의식적
죄책감
'지옥'이라는
종교개념은
무의식적 죄책감의
끔찍한 고뇌를 상징하고 -
-'악마'라는
종교개념은
에고를 상징함을
주목하라.
지그문트 프로이트가 밝혀낸 심리작용
원리 중 하나는, 부인은 투사를 불러온다는 것이야.
그래서 우리는 마음속의 죄책감을 부인하고 나서
그걸 외부로 투사했지.
우린 말 그대로 마음 밖으로 빠져나갔어.
무의식적
죄책감
영사기
투사된 내용은 그 투사하는 마음의 상태를
그대로 보여줬어. 그건 우리 내면의 상태를 보여주는
외부의 그림이었지.4
〈산 송장의 우주〉 상영중
IN THEATHERS NOW
UNIVERSE OF THE LIVING DEAD*
좀비 영화 '산 송장의 밤' 패러디
투사는 우리의 한마음을 산산조각으로 나눠놓았어.
그 조각들은 모두 신으로부터 분리된 '것처럼 보이게
된' 탓을 서로에게 돌리는 능력을 보유하고 있었지.
네 잘못이야.
네 잘못이야.
네 잘못이야.
네 잘못이야.
우리가 '영혼'이라 부르는 것이 바로
이 한마음의 조각들이야. 영혼이란 우리의 꿈꾸는
한마음이 개체화한 조각들이지.

우리의 한마음의 조각들은 저마다 전체 마음을 담고 있어. 왜냐하면 일체로부터 나뉘어 나온 것은 프랙탈 구조를 띠기 때문이야.
프랙탈이란 전체의 한 조각이면서 그 안에 전체를 담고 있는 것을 말해.
그러니까 각각의 마음들은, 죄책감에 짓눌려 스스로 자신을 훼방하는 정신 나간 에고의 사고체계를 담고 있지만 동시에 성령의 올바른 사고체계도 담고 있단 뜻이지.
게다가, 각각의 마음들은 이 두 사고체계 중 하나를 선택할 능력도 지니고 있어.
프랙탈의 간단한 예로는 사각형들로 만들어진 사각형 -
- 삼각형들로 만들어진 삼각형 -
- 나무들로 만들어진 나무가 있어.

하지만 이 우주의 가장 기본적인 프랙탈은
형상이 아니야. 형상은 기본 프랙탈이 투사되었을 때
나타나는 산물일 뿐이지.
0 대 1
형상이란 홀로그램 입체상과도 같아.
우리 눈에 물질우주처럼 보이는 것 또한
홀로그램 입체상과 같지.
하지만 기본 프랙탈 없이는 입체상도 없어.
0
1
이 우주의 기본 프랙탈은 하나의 생각이야.
일체로부터의 분리라는 생각,
신이 모르는 생각을 가진다는 발상 말이야.
0
분열
결합
1
달리 말하자면,
이 우주의 기본 프랙탈은 이원성이야.
이원성이란 컴퓨터의 2진수와도 같은 거야.
1
ON
0
1
OFF
0
컴퓨터가 사용하는 2진법 부호에서 1은
스위치가 올라간 상태, 0은 내려간 상태를 뜻한다.
우주적 규모에서는 올라간 스위치(1)를 통해 흐르는 에너지는
천상의 일체(진정한 사랑)의 무한한 빛이고,
내려간 스위치(0)는 에너지의 무한한 흐름을 멈추게 한다.
일체의 무한한 빛을 켜고 끄는 상호작용의 산물이
이 꿈속 우주, 곧 산(1) 송장(0)의 우주다.
수학적으로 말하자면,
성령은 온전한 전체인 1을 뜻해.
에고는 0, 곧 일체성의 완전한 절멸을 뜻하고.
1
2진법 부호
0
부호 1은 천국과 같다.
1
부호 0은 망각과 같다.
0
그리고 여러 개의 1과 0이 섞인 부호는
이 꿈속 우주와 같다.
0100001001101001011011100110000101110010
다행히도, 0은 존재할 수 없어.
오직 1만이 진짜지. 그러니 에고의 세계는
이원성의 프랙탈이 지탱해주는 분수의 세계,
1과 0 사이의 환영의 영역에 놓여 있어.
1
0
1/x

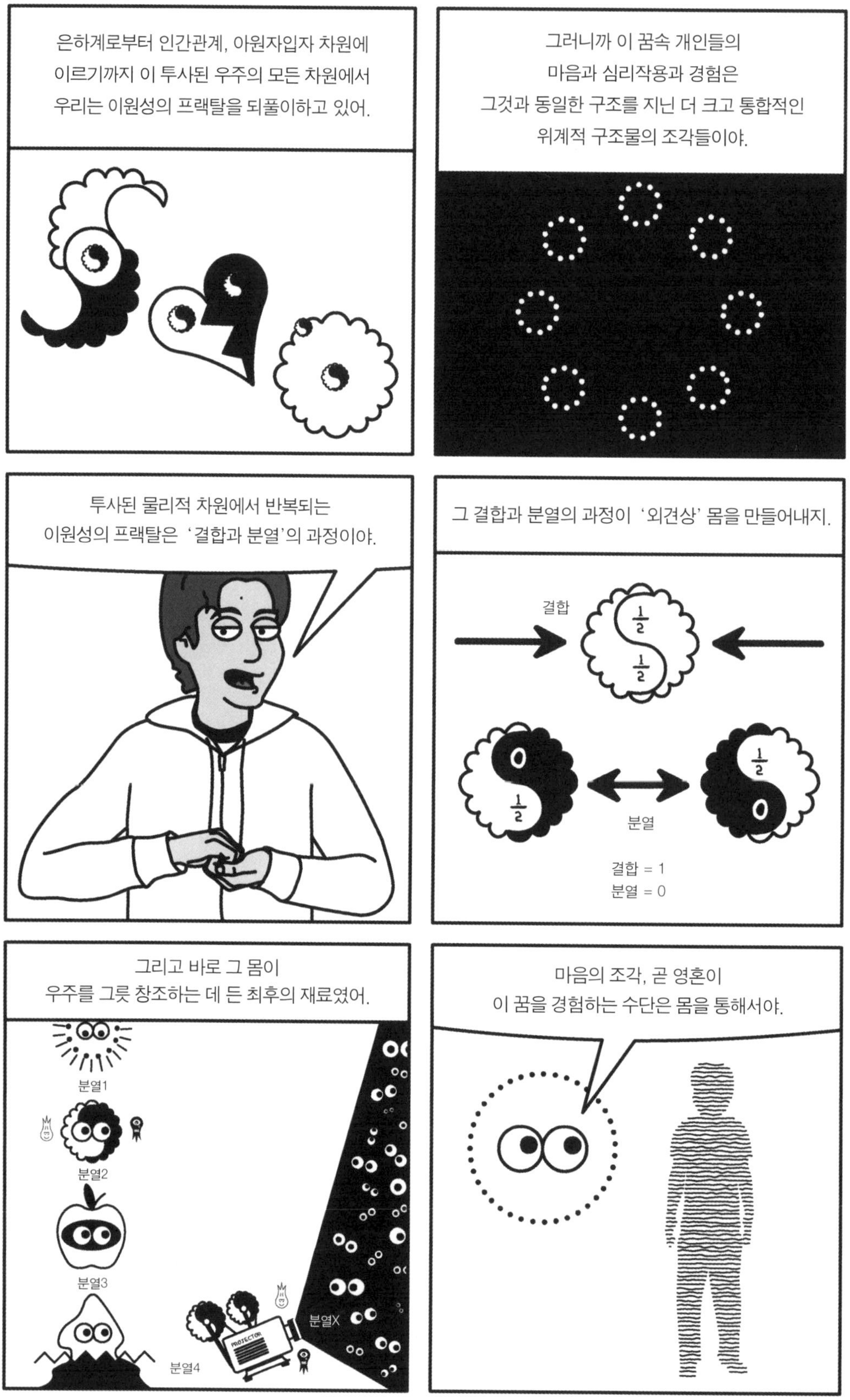

은하계로부터 인간관계, 아원자입자 차원에
이르기까지 이 투사된 우주의 모든 차원에서
우리는 이원성의 프랙탈을 되풀이하고 있어.
그러니까 이 꿈속 개인들의
마음과 심리작용과 경험은
그것과 동일한 구조를 지닌 더 크고 통합적인
위계적 구조물의 조각들이야.
투사된 물리적 차원에서 반복되는
이원성의 프랙탈은 '결합과 분열'의 과정이야.
그 결합과 분열의 과정이 '외견상' 몸을 만들어내지.
결합
분열
결합 = 1
분열 = 0
그리고 바로 그 몸이
우주를 그릇 창조하는 데 든 최후의 재료였어.
분열1
분열2
분열3
분열4
PROJECTOR
분열X
마음의 조각, 곧 영혼이
이 꿈을 경험하는 수단은 몸을 통해서야.

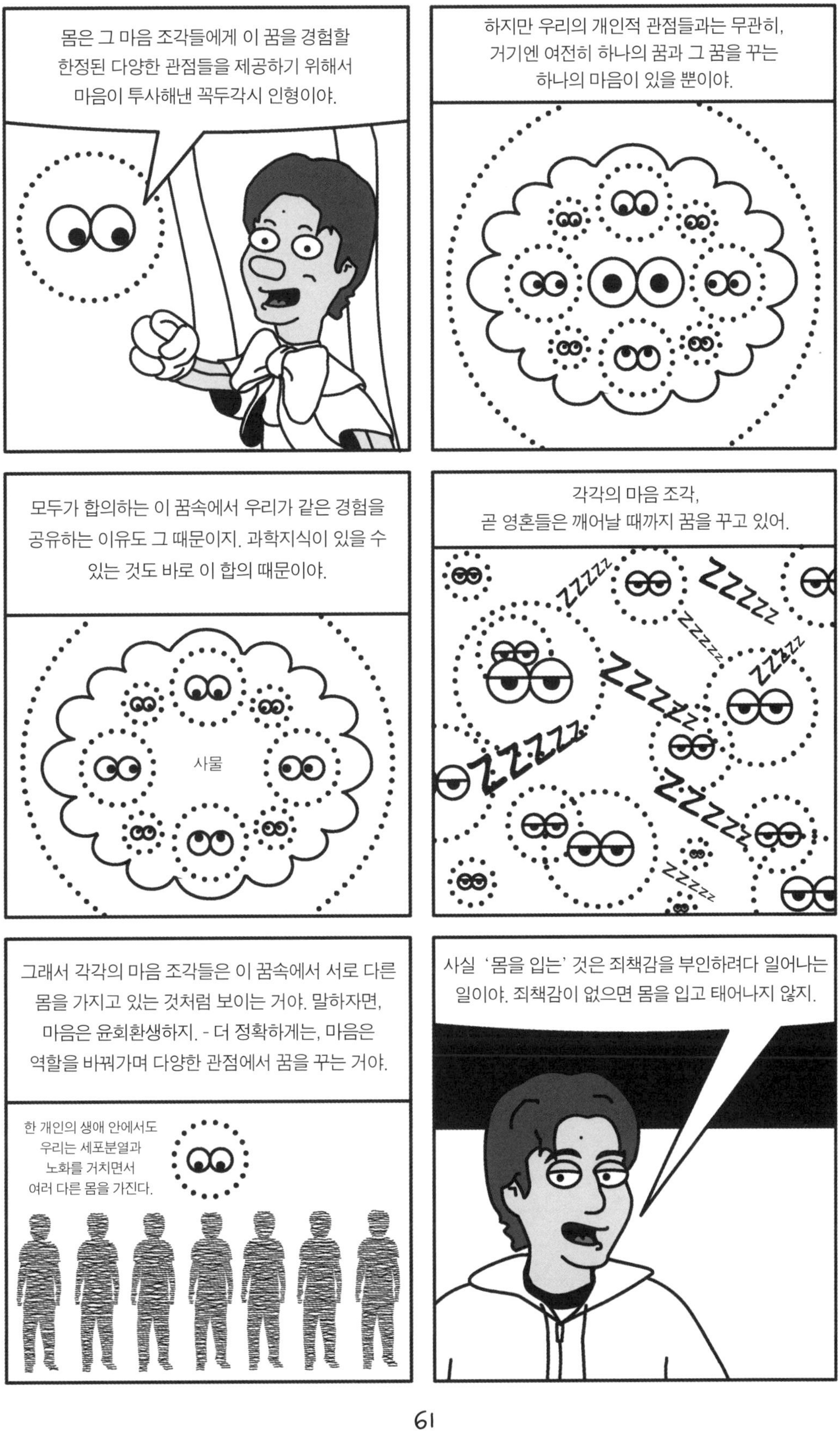
몸은 그 마음 조각들에게 이 꿈을 경험할 한정된 다양한 관점들을 제공하기 위해서 마음이 투사해낸 꼭두각시 인형이야.
하지만 우리의 개인적 관점들과는 무관히, 거기엔 여전히 하나의 꿈과 그 꿈을 꾸는 하나의 마음이 있을 뿐이야.
모두가 합의하는 이 꿈속에서 우리가 같은 경험을 공유하는 이유도 그 때문이지. 과학지식이 있을 수 있는 것도 바로 이 합의 때문이야.
사물
각각의 마음 조각, 곧 영혼들은 깨어날 때까지 꿈을 꾸고 있어.
그래서 각각의 마음 조각들은 이 꿈속에서 서로 다른 몸을 가지고 있는 것처럼 보이는 거야. 말하자면, 마음은 윤회환생하지. - 더 정확하게는, 마음은 역할을 바꿔가며 다양한 관점에서 꿈을 꾸는 거야.
한 개인의 생애 안에서도 우리는 세포분열과 노화를 거치면서 여러 다른 몸을 가진다.
사실 '몸을 입는' 것은 죄책감을 부인하려다 일어나는 일이야. 죄책감이 없으면 몸을 입고 태어나지 않지.

그러니까 일반적인 오해완 달리, 아기들은 백지처럼
순결한 상태로 태어나서 세상에서 더럽혀지는 게 아니야.
그들은 에고의 사고체계를 고스란히 가지고 온다구.
아기들의 천진무구한 얼굴도 우리가 자신의 희생자가 아니라
세상의 희생자라고 믿게끔 만들기 위한 에고의 술책일 뿐이야.
으앙~ 날 봐줘,
내 시중을 들어줘!
에고 없음은
곧 윤회하지 않음.
없음
=
없음
몸은 마음을 환영인 꿈 우주에 붙들리게 해서
정신을 잃게 만들어놓지. 몸은 마음이 에고 대신
성령을 택할 수 있는 결정권을 잊어버리게 만들어.
아가야, 사탕 줄게.
주의를 계속
밖으로 보내렴.
깨어나.
1/9장에서 말했듯이, 몸들이 취하는 형상은 다양해.
형상이 곧 몸이야. 원자, 세포, 식물, 행성,
이런 것들도 모두 몸(體)이야.
몸은 위계적으로 조직된 몸들로 만들어져 있어.
하지만 그게 인간이든 달팽이든 단세포든 바위든
기타 형태의 몸이든 간에
몸이란 모두가 똑같이 비실재야.
무릇 몸이란 반복투사되는 단일한 생각 -
이원성의 프랙탈 - 의 산물에 지나지 않아.
0
분열
결합
1

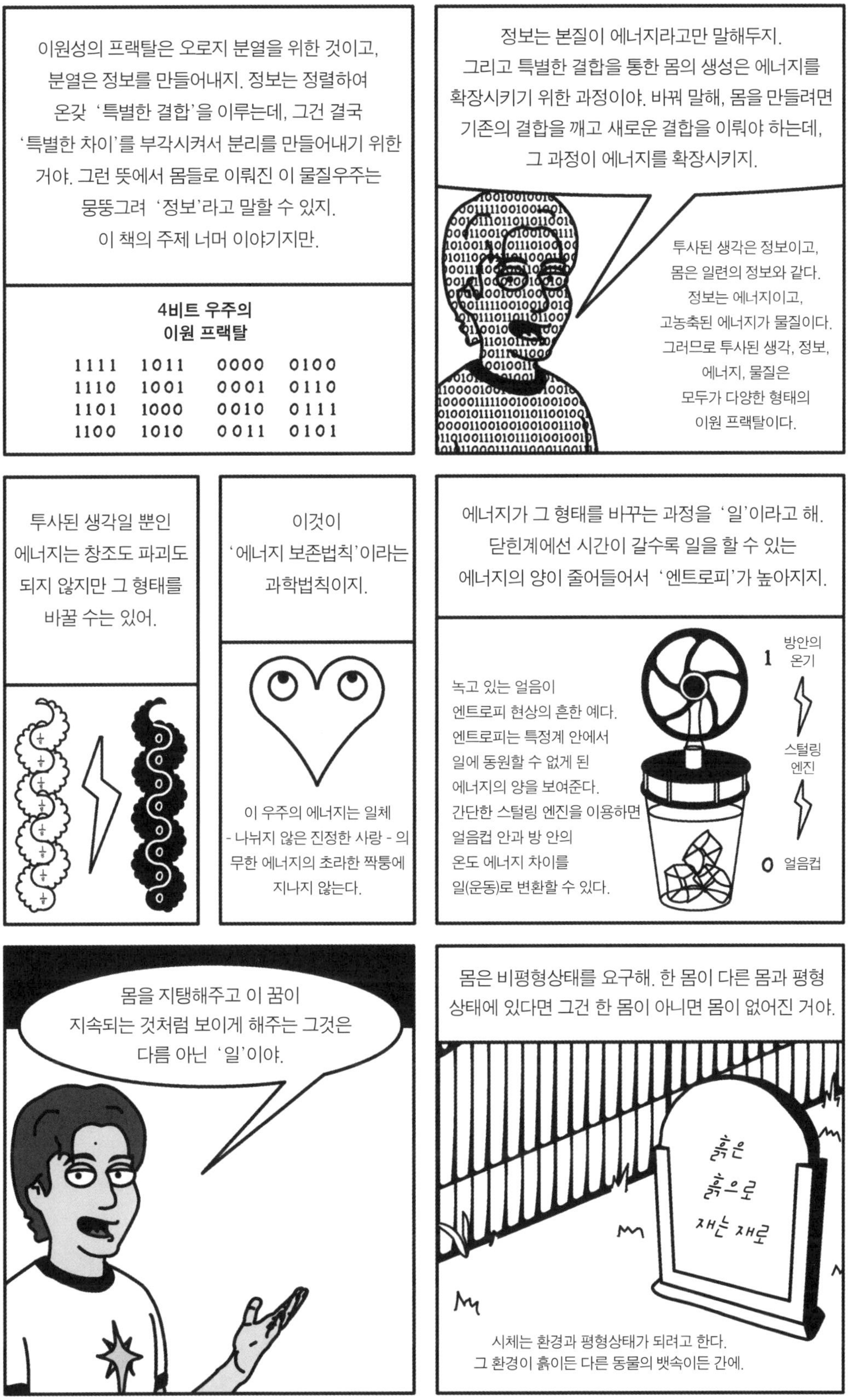

이원성의 프랙탈은 오로지 분열을 위한 것이고,
분열은 정보를 만들어내지. 정보는 정렬하여
온갖 '특별한 결합'을 이루는데, 그건 결국
'특별한 차이'를 부각시켜서 분리를 만들어내기 위한
거야. 그런 뜻에서 몸들로 이뤄진 이 물질우주는
뭉뚱그려 '정보'라고 말할 수 있지.
이 책의 주제 너머 이야기지만.
4비트 우주의
이원 프랙탈
1111 1011 0000 0100
1110 1001 0001 0110
1101 1000 0010 0111
1100 1010 0011 0101
정보는 본질이 에너지라고만 말해두지.
그리고 특별한 결합을 통한 몸의 생성은 에너지를
확장시키기 위한 과정이야. 바꿔 말해, 몸을 만들려면
기존의 결합을 깨고 새로운 결합을 이뤄야 하는데,
그 과정이 에너지를 확장시키지.
투사된 생각은 정보이고,
몸은 일련의 정보와 같다.
정보는 에너지이고,
고농축된 에너지가 물질이다.
그러므로 투사된 생각, 정보,
에너지, 물질은
모두가 다양한 형태의
이원 프랙탈이다.
투사된 생각일 뿐인
에너지는 창조도 파괴도
되지 않지만 그 형태를
바꿀 수는 있어.
이것이
'에너지 보존법칙'이라는
과학법칙이지.
이 우주의 에너지는 일체
- 나뉘지 않은 진정한 사랑 - 의
무한 에너지의 초라한 짝퉁에
지나지 않는다.
에너지가 그 형태를 바꾸는 과정을 '일'이라고 해.
닫힌계에선 시간이 갈수록 일을 할 수 있는
에너지의 양이 줄어들어서 '엔트로피'가 높아지지.
녹고 있는 얼음이
엔트로피 현상의 흔한 예다.
엔트로피는 특정계 안에서
일에 동원할 수 없게 된
에너지의 양을 보여준다.
간단한 스털링 엔진을 이용하면
얼음컵 안과 방 안의
온도 에너지 차이를
일(운동)로 변환할 수 있다.
1 방안의 온기
스털링 엔진
0 얼음컵
몸을 지탱해주고 이 꿈이
지속되는 것처럼 보이게 해주는 그것은
다름 아닌 '일'이야.
몸은 비평형상태를 요구해. 한 몸이 다른 몸과 평형
상태에 있다면 그건 한 몸이 아니면 몸이 없어진 거야.
흙은
흙으로
재는 재로
시체는 환경과 평형상태가 되려고 한다.
그 환경이 흙이든 다른 동물의 뱃속이든 간에.

예컨대 네 몸뚱이는 일종의 특별한 결합이야.
네 몸의 신진대사를 유지하려면 다른 몸을 먹어야 하지.
네 몸이 환경과 비평형상태에 있게 해주는 것이 바로 신진대사야.
신진대사
재료를 재활용하여
에너지를 뽑아내고
찌꺼기를 내보낸다
어쩌다가 몸이 망가지면 -
엇, 내 머리…
- 혹은 어쩌다 굶어죽으면 -
공기도
물도 음식도
온기도 없어…
- 몸은 더 이상 신진대사를 통해
다른 몸들과 비평형상태를
유지할 수가 없어져.
그러면 몸은 분해되어
말하자면 '구더기 밥'이 되지.
이것이 남의 희생 위에 먹을 것을 얻는
생존투쟁의 우주를 만들어.
보기
먹으려면 뭔가를 희생시켜야 한다
- 한 송이의 버섯이라도
대식가라면 날래고 날씬한
몸매를 희생하든지,
아니면 운동으로써 희생해야 한다.
날씬한 몸매를 원한다면 덜 먹든지,
운동하든지 함으로써 희생해야 한다.
에고의 좌우명 - 고통 없이는 얻는 것도 없다.
이건 '신의 손해는 곧 우리의 이익'이라는,
신에 대한 우리의 그릇된 믿음의 그림자일 뿐이야.

먹느냐 먹히느냐 하는, 이 우주의 배후를
지배하는 심리가 물리학에선 열역학 제2법칙,
곧 '시간의 화살'로 표현되지.
우리의 시간경험은 죄, 죄책감, 두려움과 대응돼.
죄, 죄책감, 두려움은 속俗삼위일체를 이뤄서
화살처럼 지나가는 과거와 현재와 미래의
시간경험을 일으키지.
죄
과거
죄책감
현재
두려움
미래
시간의 화살
사실 시간은 '시간의 화살'이 암시하는 것처럼
직선적이지 않지만 우리는 죄책감 때문에
그걸 직선적으로 경험해.
죄
과거
이 몸들의
우주는
한 찰나도
실재하지 않는다.
단지
기억되거나
예상될 뿐.[5]
두려움
미래
붓다는 이렇게 말했어.
태양도 지구도(곧 '몸'들) 없이
텅 빈 허공만 있다면
공간은 그 실체성을 잃는다.
그리고 시간과 공간은 서로 엮여 있는
분리개념이므로 시간도 마찬가지야.
시간과 공간은 각기 다른 형태를 취하고 있을 뿐,
분리라는 동일한 환영이야.[6]

분리가 우리의 마음 너머로 투사되면
우린 그걸 '시간'으로 여기지.[6]
100년 후에는
누가 이곳에 살고
있을까?
분리가 마음이 있는 '것처럼 보이는' 곳 가까이에
투사될수록 우린 그걸 '공간'으로 간주해.[6]
현관에
누가 왔을까?
딩동
시공간이 몸에 작용하면
'엎질러진 물' 현상을 일으키지.
알다시피, 담 위에 앉아 있던
험티덤디가 떨어지면
아무도 그를 되돌려놓을 수가 없어.

달걀이든 찻잔이든 강아지든 인간이든 간에, 망가진 몸에 대한 생각은
죄와 죄책감과 두려움으로 이뤄진 에고의 사고체계를 강화시키지.
죄는 주워담을 수 없는,
'과거'의 실수라는 관념이야.
험티 담 위에서 중심을 잃음
죄책감은 과거의 죄로부터
반향된 것에 대한
'현재'의 인식이야.
험티 자유낙하 중
그리고 두려움은
'미래'의 벌에 대한 상상이야.
땅에 부딪히면
험티는 망가짐
다행히도, 마음은 몸처럼 그런 말도 안 되는 법칙의
지배를 받지 않아. 마음은 영원해.
그건 곧 마음의 조각들 또한 영원하단 뜻이지.
- 영원히 조각이란 뜻은 아니고.
사실 이 꿈은 벌써 다 '끝났어.'
왜냐하면 그건 시작한 적도 없거든.
시간을 무색하게 만드는 성령의 '거룩한 순간'이
그 사실을 잘 보여주고 있지.
거룩한 순간
과거
미래
현재

시공간은 존재하는 것처럼 보일 뿐이야.
그건 이 꿈속에만 있지 밖에는 없어.
이 꿈은 꿈 밖에서 만들어낸 것이어서 이 우주의 시나리오는 이미 다 써져 있어. 마치 비디오 게임과도 같지. 비디오 게임은 다 써져 있어. 하지만 게임을 끝내는 길은 여러 갈래야.
그리고 게이머와 마찬가지로, 우리도 사실은 지금 이 우주 속에 있는 게 아니야. 우린 우리의 한마음 속에 이미 써져 있는 '정보의 경계선' 위에서 이 투사된 우주를 개관하고 있어.
LEVEL 3
LCD
PHONY
단지 우린 케케묵은 얼빠진 이야기에 빠져서 책을 내려놓고 현실(실재)로 돌아오질 못하고 책장을 마구 넘기고 있는 거지.
〈분열이 일어나다〉
에고 씀
편집자 / 성령
SPLIT HAPPENS
SPLIT HAPPENS
BY THE EGO
EDITED BY THE HOLY SPIRIT
NY TIMES #1 BESTSELLER
뉴욕타임즈 베스트셀러 1위
시나리오에 쓰인 일은 일어날 거고, 사실은 이미 일어났어. 우리가 이 꿈속에서 그 시나리오를 아무리 바꿔보려고 애써도 헛일이야.
우린 이미 그 시작과 중간과 끝을 다 써놓았어. 그러니 무의식 차원에선 이미 내용을 다 알고 있지.
영화 '백 투 더 퓨쳐'

죽음의 날도, 탄생의 날도, 또 다른
죽음의 날들도, 그리고 그 중간의 모든 날들도
다 예정되어 있어.
MONTH DAY YEAR HOUR MIN
MAR 22 1985 AM PM 02:58
도착 시간
MONTH DAY YEAR HOUR MIN
FEB 14 2010 AM PM 05:33
현재 시간
MONTH DAY YEAR HOUR MIN
NOV 13 2007 AM PM 11:13
SET
출발 시간
영화 '백 투 더 퓨쳐'

시나리오는 여러 가지가 있어.
하지만 단지 이 꿈 대신 저 꿈을 계속 꾸기로
택하는 건 제로썸 게임일 뿐이야.
오레오 쿠키를 먹을까,
초콜렛칩 쿠키를 먹을까?
OREO

우리가 이 꿈속에서 가진 유일한 진짜 자유는
에고 대신 성령을 택하는 힘이야.

성령은 시간의 끝으로부터 뒤돌아보며
우리를 꿈밖으로 이끌어주고 있어.

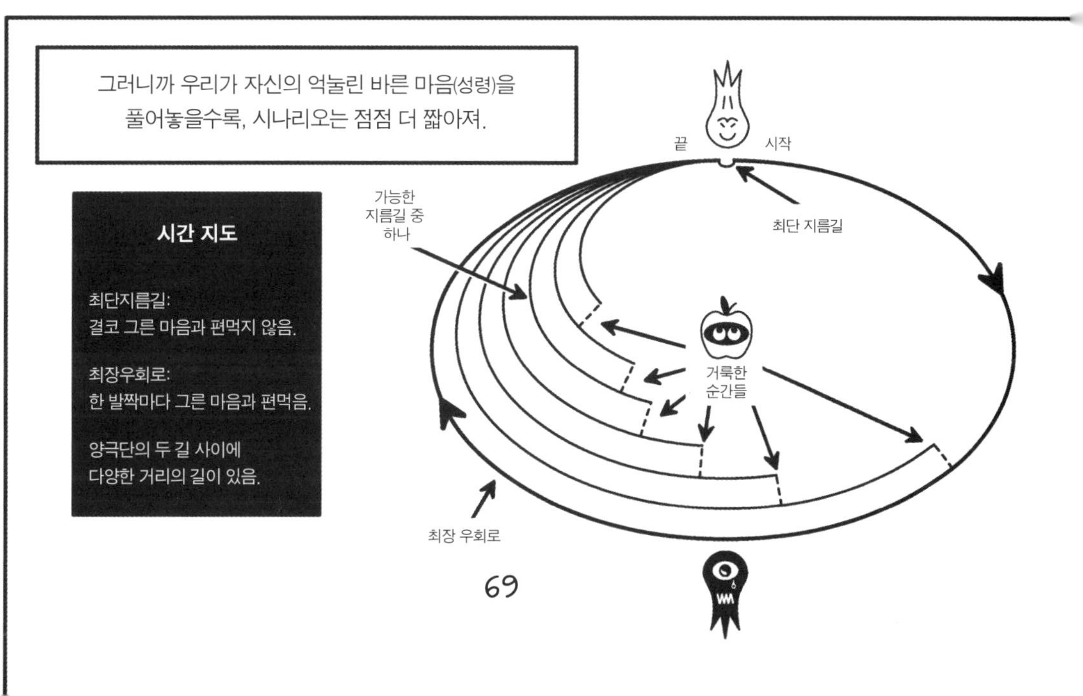
그러니까 우리가 자신의 억눌린 바른 마음(성령)을
풀어놓을수록, 시나리오는 점점 더 짧아져.
시간 지도
최단지름길:
결코 그른 마음과 편먹지 않음.
최장우회로:
한 발짝마다 그른 마음과 편먹음.
양극단의 두 길 사이에
다양한 거리의 길이 있음.
끝
시작
가능한
지름길 중
하나
최단 지름길
거룩한
순간들
최장 우회로

그리고 시나리오가 짧아질수록
우리는 이 우주라는 악몽을 빨리 끝내게 되지.
SPLIT HAPPENS BY THE

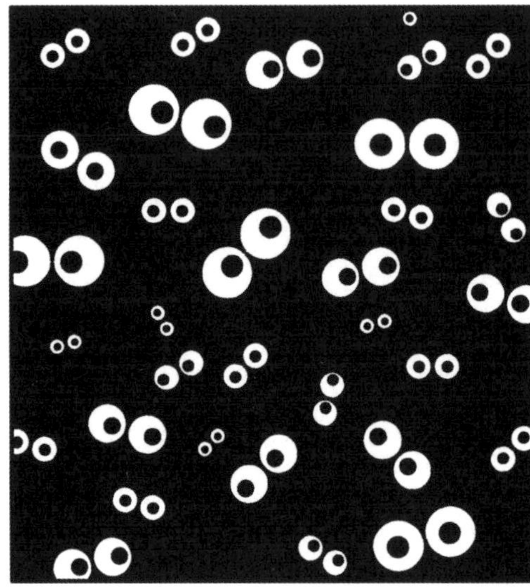

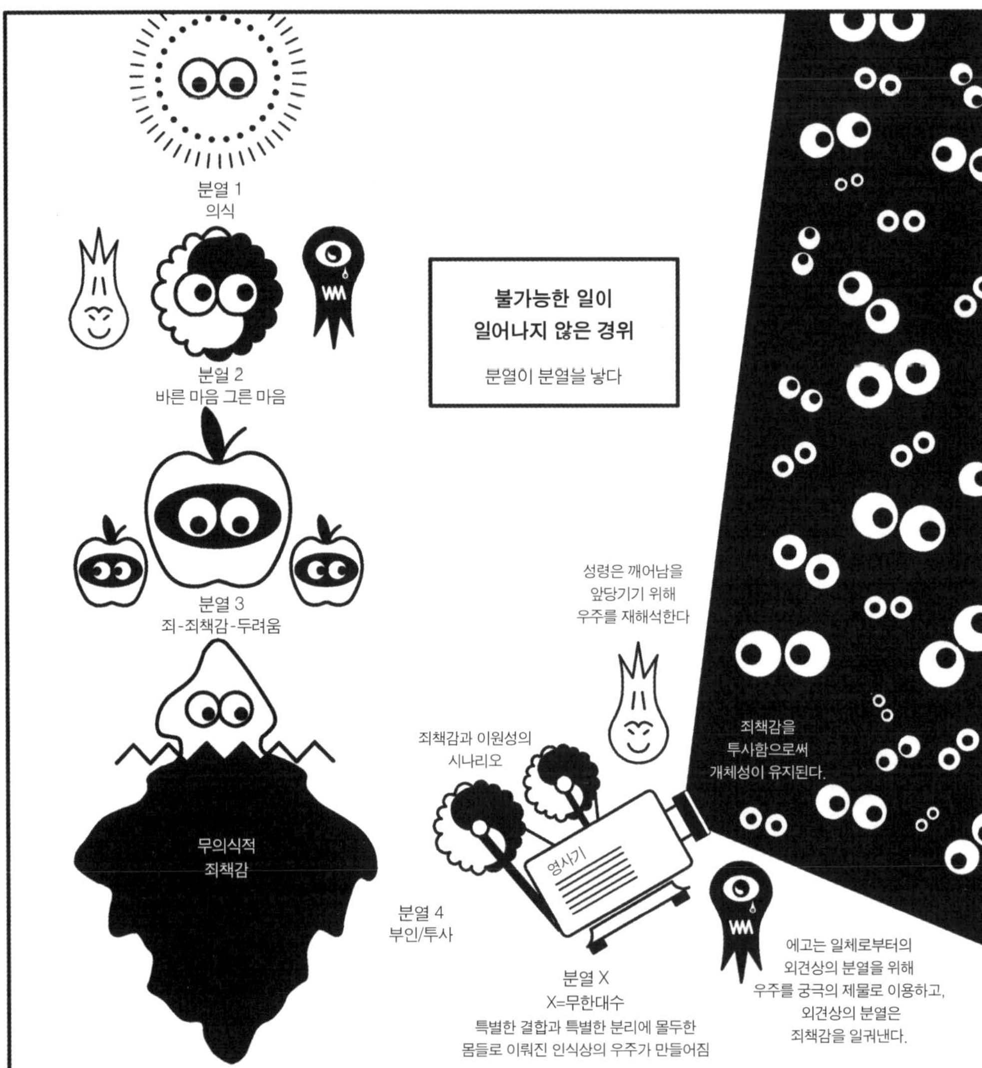
분열 1
의식
분열 2
바른 마음 그른 마음
분열 3
죄-죄책감-두려움
무의식적
죄책감
분열 4
부인/투사
불가능한 일이
일어나지 않은 경위
분열이 분열을 낳다
성령은 깨어남을
앞당기기 위해
우주를 재해석한다
죄책감과 이원성의
시나리오
영사기
죄책감을
투사함으로써
개체성이 유지된다.
분열 X
X=무한대수
특별한 결합과 특별한 분리에 몰두한
몸들로 이뤄진 인식상의 우주가 만들어짐
에고는 일체로부터의
외견상의 분열을 위해
우주를 궁극의 제물로 이용하고,
외견상의 분열은
죄책감을 일궈낸다.

chapter 4/9

에고의 악몽

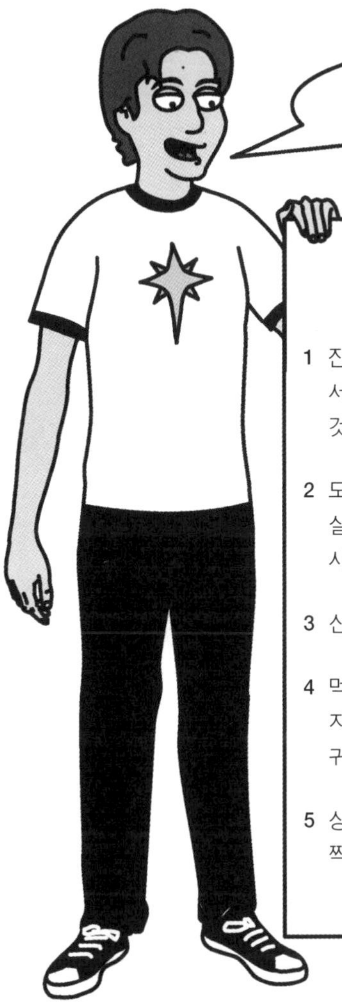

혼돈의 법칙[1]

1 진리는 사람마다 다르다. 모든 사람은 자기만의 생각과 가치관으로 서로 분리되어 있다. 환영은 저마다 사실감이 달라서 어떤 것은 다른 것보다 더 생생하고 위압적으로 보인다.

2 모든 사람은 죄를 지어야만 한다. 따라서 공격받고 죽어 마땅하다. 실수는 뉘우침 대신 벌을 부른다. 모든 사람은 자신에게 사면 없는 사형을 선고해야만 한다. 신조차 그건 어쩔 수 없다.

3 신은 증오로써 분리를 받아들이고, 그로 인해서 구원은 불가능해진다.

4 먹지 않으면 먹힌다. 이익은 남의 손해에 의지한다. 모든 사람은 자기가 뺏은 것을 가진다. 뺏은 것은 제 몸속에 감춰놓으므로 그것은 귀해진다.

5 상대방이 자신의 특별한 몸속에 감춰놓은 것을 훔침으로써 생겨나는 짝퉁 사랑(특별함)이 있다.

혼돈의 법칙은 완전히 정신 나간 얘기야. 하지만 바로 그것이 우리 발밑의 땅을 단단해 보이게 만들지. 혼돈의 법칙을 믿지 않았다면 우린 여기 있지 않을 거야.
1. 진리는 사람마다 다르다. 모든 사람은 자기만의 생각과 가치관으로 서로 분리되어 있다. 환영은 저마다 사실감이 달라서 어떤 것은 다른 것보다 더 생생하고 위압적으로 보인다. 2. 모든 사람은 죄를 지어야만 한다. 따라서 공격받고 죽어 마땅하다. 실수는 뉘우침 대신 벌을 부른다. 모든 사람은 자신에게 사면 없는 사형을 선고해야만 한다. 신조차 그건 어쩔 수 없다. 3. 신은 증오로써 분리를 받아들이고, 그로 인해서 구원은 불가능해진다. 4. 먹지 않으면 먹힌다. 이익은 남의 손해에 의지한다. 모든 사람은 자기가 뺏은 것을 가진다. 뺏은 것은 제 몸속에 감춰놓으므로 그것은 귀해진다. 5. 남이 자신의 특별한 몸속에 감춰놓은 것을 훔침으로써 생겨나는 짝퉁 사랑(특별함)이 있다. 1. 진리는 사람마다 다르다. 모든 사
꿈은 겉껍데기일 뿐이고 그 내용은 결코 사실이 아니야. 하지만 형상만 보고 속내는 간과해버리는 이들에겐 혼돈의 법칙이 곧 질서의 법칙이지.[2]
그러니 성령을 택하여 이 꿈에서 깨어나고자 한다면 우리는 이 꿈 배후의 속내를 폭로해야만 해.
그리고 이 꿈 배후의 속내란, 바로 에고의 악몽이야.
에고는 오직 꿈속에만 존재해. 그러니 에고의 생존은 우리의 잠에 달려 있지.
에고의 악몽은 분리라는 개념에 근거해 있기 때문에 복잡하고 모순투성이야.

하지만 성령의 것인 진실은
온전함이라는 개념에 근거하므로
단순하고 일관적이야.
단순한 진실
thesimpletruth
A GODLY ONEING
신의 일체성
다큐멘터리 '불편한 진실 - 글로벌 워밍' 패러디
구원으로 가는 진정한 길은 성령의
바른 마음의 길이야. 그건 깨어남으로 이끌어주지.
가짜 구원의 길은 에고의 그른 마음의 길이야.
그것은 꿈을 지속시켜.
구하라 그리고 얻지 못하라.
신으로부터의 외견상의 분리에서
비롯된 죄책감을 다루는 방법이 '구원'이야.
무의식적
죄책감
성령은 우리가 죄책감을 녹여내고 깨어나기를 원해.
에고는 우리가 죄책감을 재생시켜 계속 신을
두려워하기를 원해. 그래야 우리가 마음 없는 몸과
동화된 채 계속 꿈을 꿀 테니까 말이야.

죄책감은 부인과
투사를 통해 재생되지.
바로 이 우주가
온통 우리의 부인된
죄책감의 투사물이야.
모든 것, 심지어 우리의 몸까지도
우리에겐 외부의 것으로 보여.
우와,
이것 봐 내 손.
내게
손이 있다는 게
참 희한해.
모든 것이 밖에
있는 것처럼 보이니
우리의 죄책감도 밖에
있는 것처럼 보이지.
내가 아니라
세상이 문제야.
외부의 죄책감은 문제의 형태를 띠지. 그리고 에고는 그 문제의 해결책도 외부에 있다고 음흉하게 속삭여.
그래서 우린 자기 '문제'의 진정한 근원과 해결책을 찾아 내면을 진지하게 들여다볼 생각은 하지도 않게 되지.
〈산 송장의 우주〉
UNIVERSE
OF THE
LIVING
DEA
그러니 문제를 푼답시고
세상을 두리번대는 건
영화를 바꾼답시고 스크린을 더듬는 것과 똑같아.
영화의 근원은 스크린이 아니라 영사기야.
영사기는 이미 기록된 필름을 비춰주지.
필름의 내용을 바꿀 수는 없어.
단지 필름을 영사기에서 빼내서
순수한 빛으로 바꿔놓기를
택할 수 있을 뿐이야.
미스터리과학 극장에 간 알렉스
'문제'는 우리의 주의를
마음으로부터 물질로 돌려서
마음이 성령을 택하여
깨어날 수 있는 힘을 지닌 사실을
망각하게 만들지.
문제는 무수한 형태로 찾아오지만 진정한 문제는,
신에게서 분리해 나왔다는 죄책감 깔린 믿음, 이 하나뿐이야.
왜 오셨는지
다 알아요.
자신이 신과
분리되었다고
생각하는군요.

우리는 우리가 신과 분리되었다는
암시를 주어 우리 내부에 만성적인
정체성 혼란을 부추기는 우주를 보고 있어.
인식중독자 갱생회
안녕,
난 알렉스야.
난 인식에 문제를
겪고 있어.
난 내 근원을
망각하고 내가
패할 수 있다고 생각해.
내겐 환영만, 형상만
보여.
외부 우주에 있는 것처럼 보이는 다른 모든
문제들은 단지 이 근본문제의 상징물일 뿐이야.
건강문제
애정문제
경제문제
마약문제
체중문제
직장문제
학교문제
교통문제
법적문제
가정문제
이건 모두가 신과 분리되었다는
그릇된 인식에서부터 비롯된 인식의 문제야.
문제들은 '그릇 인식된 신과의 분리'에 대한
우리의 부인된 죄책감을 표면에 떠올려주지.
안돼! 젠장, 고장났어. 뒤가 캥기는군.
이건 틀림없이 내가 신을 잃어버렸다고
생각하고 있다는 잠재의식의 지적질이야.
덜커덩
덜커덩
모든 형태의 신체적, 심리적 고통의 뿌리는
죄책감의 경험이야.
진품 아스피린
GENUINE
ASPIRIN
325 MG
A
죄책감 해소제
신기한 명약
당의정
100
개입
빠르고 안전한 죄책감 완화효과
그러니까 문제가 문제인 것은,
그것이 마음속에 죄책감을 불러내어
어떤 형태든 고통을 일으킨다는 거야.
고통이 없다면 그게 문제가 될 수도 없지.
죄책감
죄책감
죄책감
죄책감
으으으
으으으——
내 무릎!
그러니 사실 죄책감 없음은 곧 문제 없음이야.
모든 문제는 인식의 문제야.
죄책감 없는 마음은 고통당할 수가 없어.[3]
짝퉁 일보
당신을 죽일 수 있는
다섯가지 새 문제

하지만 에고가 지배하는 한은
죄책감을 없앨 수가 없어.
에고의 외견상의 존폐는 죄책감에 달려 있어.
에고가 이 우주와 몸들을 만들어낸 것도 그 때문이야.
네가 괴로워한다.
고로 나는 존재한다.
사람들은 이 우주와 몸들을 자연의 사물로 생각하고 싶어하지만, 그것들은 전형적인 비자연이야.
그것의 토양은 죄책감이고, 죄책감은 결코 자연의 것이 아니지. '자연'은 사실 자연이 아니야.
죄책감 죄책감 죄책감 죄책감 죄책감 죄책감 죄책감 죄책감 죄책감 죄책감 죄책감 죄책감 죄책감 죄책감 죄책감 죄책감 죄책감 죄책감
죄책감 죄책감 죄책감 죄책감 죄책감 죄책감 죄책감 죄책감 죄책감 죄책감 죄책감 죄책감 죄책감 죄책감 죄책감 죄책감 죄책감 죄책감
죄책감 죄책감 죄책감 죄책감 죄책감 죄책감 죄책감 죄책감 죄책감 죄책감 죄책감 죄책감 죄책감 죄책감 죄책감 죄책감 죄책감 죄책감
죄책감 죄책감 죄책감 죄책감 죄책감 죄책감 죄책감 죄책감 죄책감 죄책감 죄책감 죄책감 죄책감 죄책감 죄책감 죄책감 죄책감 죄책감
죄책감 죄책감 죄책감 죄책감 죄책감 죄책감 죄책감 죄책감 죄책감 죄책감 죄책감 죄책감 죄책감 죄책감 죄책감 죄책감 죄책감 죄책감
죄책감 죄책감 죄책감 죄책감 죄책감 죄책감 죄책감 죄책감 죄책감 죄책감 죄책감 죄책감 죄책감 죄책감 죄책감 죄책감 죄책감 죄책감
우리의 자연 상태란, 몸 없이 그저 신과 일체인 순결무구 상태야.
하지만 우리가 우리의 마음에 준 상처는 너무나 비자연적이어서 마음은 자연적인 게 뭔지를
기억조차 못해. 그래서 우리는 자연적이란 말을 들어도 이해를 못하는 거야.[4]
일체란
진실인
모든 것이야.
난 그딴 거 몰라.
그러니까 '일체'
어쩌구 하는 말 좀 그만
집어치워주지
않을래?

꿈에 빠진 우리는 죄책감에 젖은 몸과의
동일시 외에는 아는 게 없어. 그래서 몸은
이 꿈의 주인공이고 에고의 집이야.
몸은 에고의 상像이야.[5]
PROJECTOR
몸은 죄의식의 외부투사요, 육화다.
몸은 육의 벽처럼 보이는 것으로 마음을 에워싸고는
죽음의 힘을 빌려 작은 시간과 공간 속에다
그것을 가둬놓는다. 그러고는 한숨 쉬고 눈물짓는
한 순간을 살고 나서 주인 에고를 따라 죽어간다.[5]
에고는 몸속에서야 안심을 해. 왜냐하면
몸의 연약함이야말로 '몸속에 사는 것처럼 보이는
마음'은 신의 것일 수 없다고 주장할 최상의 근거를
에고에게 제공해주니까.[6]
무신론에
기운 사람들이
같은 논리를 펴는 것도
우연이 아니야.
하지만 한편으론 몸을 싫어해. 그게 살 만한
집이라곤 생각지 않으니까 말이야.[6]
에고는 우리에게 우리가
몸의 일부이고 몸은 우리의
보호자라고 말하지만
또 몸은 우리를 보호해줄 수
없다고 말하기도 해.[6]
총알 앞에선
별 수 없었던
건장한 몸이
여기 눕다.
바로 이런 모순이
정신 나간 에고의
실상을 보여주지.

그런데 우린 거기에 완전히 넘어가버려.
성령에 귀 기울이지는 않고 에고가 우릴 무지한
멍청이로 만들도록 가만 내버려두기 때문이야.
그래?
그래야 된다고?
알았어, 고마웡~
에고는 우리가 자신을 몸이라고 믿길 원해.
그러니까, 우리가 몸의 원인이 아니라
산물이라고 믿기를 말이야.
에고가 시키는 대로, 몸은 우리에게
자신이 몸들에 의해 만들어져서 몸 밖의 우주 속에
태어나 잠시 살다가 자신과 마찬가지로 죽어가는
다른 몸들과 함께 먼지로 돌아간다는 식의
이야기를 들려주지.[7]
난 그저
한 자루의 피야.
다른 핏자루가 날 낳았어.
언젠간 이 핏자루도
터질 거고,
그럼 그걸로 끝이야.
허락된 잠깐의 세월 동안에 몸은
친구나 적으로 삼을 다른 몸들을 찾아다니지.[7]
너, 그리고 너에게
내가 볼일이 좀 있어.
하지만 너,
그리고 넌 아냐.
몸은 안전이
주관심사야.[7]
자외선크림을
발라야 하는데.
몸이 추구하는 건
안락이야.[7]
온도를 좀
높여야겠어.

몸은 쾌락을 찾으려 애쓰고
상처를 주는 것은 피하려고 하지.[7]
나의 행복을 '특별한 조건'에
좌우되게 하는 건
멍청한 짓이 아니지?
맛있다,
특별한 과일이야.
무엇보다도, 몸은 자신에게 고통과 즐거움은
다른 것이라서 구별된다고 가르쳐.[7]
난 내가
내 모든 세속적
즐거움이 신에게서
훔쳐온 것이기 때문에
즐거울 자격이 없다고
믿는단 사실을
외면할 거야.
세상의 꿈이 다양한 형태를 띠는 이유는 몸이,
꿈이 독자적으로 실존함을 입증할 수단을
팔방으로 구하기 때문이야.[7]
내가
영양이었으면
좋겠어.
몸은, 세상이 가치의 본체로 선언하고
'돈'이라 부르는 종잇장과 금속조각과 예금계좌의
숫자를 가지고 산 물건들을 몸에 걸치지.[7]
I Am
A
Body
내 문신과
다이아몬드 박힌
달러모양 순금 목걸이,
어때?
몸은 돈을 벌기 위해 말도 안 되는 희한한 일을 하고,
필요없을뿐더러 원하지도 않는
이상한 물건들을 사는 데다 그 돈을 막 뿌리지.[7]
몸은 다른 몸들을 고용해서
자신을 보호하게 하고 제 것이라고 부를 수 있는
이상한 것들을 자꾸 모아들여.[7]
내 피라밋
조직을 위해
하수인들이
더 필요해.

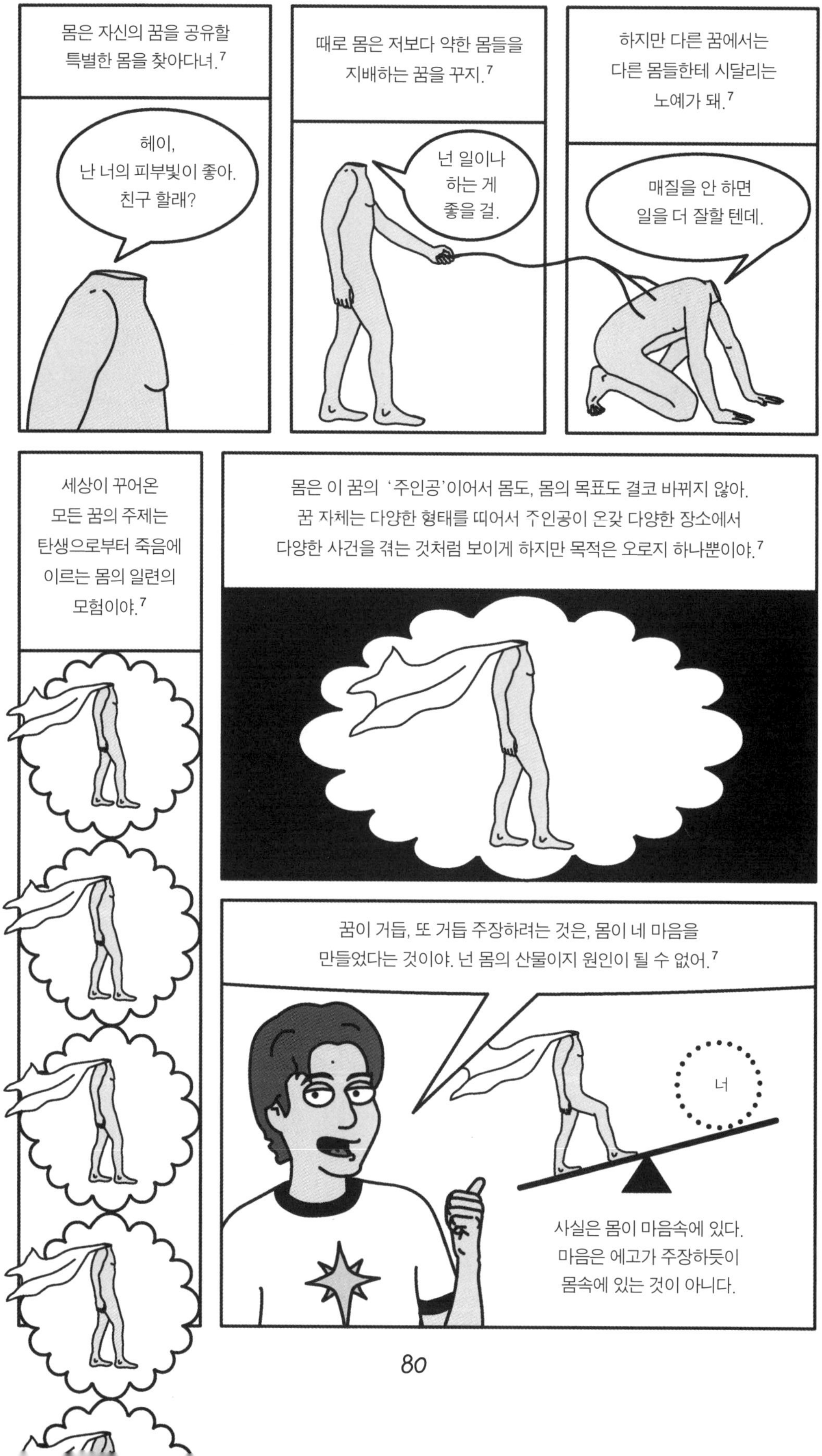
몸은 자신의 꿈을 공유할
특별한 몸을 찾아다녀.[7]
헤이,
난 너의 피부빛이 좋아.
친구 할래?
때로 몸은 저보다 약한 몸들을
지배하는 꿈을 꾸지.[7]
넌 일이나
하는 게
좋을 걸.
하지만 다른 꿈에서는
다른 몸들한테 시달리는
노예가 돼.[7]
매질을 안 하면
일을 더 잘할 텐데.
세상이 꾸어온
모든 꿈의 주제는
탄생으로부터 죽음에
이르는 몸의 일련의
모험이야.[7]
몸은 이 꿈의 '주인공'이어서 몸도, 몸의 목표도 결코 바뀌지 않아.
꿈 자체는 다양한 형태를 띠어서 주인공이 온갖 다양한 장소에서
다양한 사건을 겪는 것처럼 보이게 하지만 목적은 오로지 하나뿐이야.[7]
꿈이 거듭, 또 거듭 주장하려는 것은, 몸이 네 마음을
만들었다는 것이야. 넌 몸의 산물이지 원인이 될 수 없어.[7]
너
사실은 몸이 마음속에 있다.
마음은 에고가 주장하듯이
몸속에 있는 것이 아니다.

사실 몸은 우리의 한마음이
오래 전에 쓴 시나리오에 의해
만들어지고 조종되는
꼭두각시 인형일 뿐이야.
외견상 외부영향력의 형태를 띤 시나리오 속의 줄이
우리의 꼭두각시 몸을 조종하고 있지.
그 줄은 본질적으로
이원성(1,0)의 파도야.
그 줄이
모든 것을 -
심지어 우리의
생각까지도
- 조종해.
하지만 줄은 매우 복잡해서 아무리 완벽한
과학적 방법으로도 추적하기가 힘들어.
기만의 거미줄 속에 꼬이고 얽힌 줄이 조종자를 숨겨주지.
이 꿈의 시나리오 속에서,
진정 자유로운 선택의 유일한 순간은 이거야.
우리의 조종자로 성령을 택할 것인가,
에고를 택할 것인가?
우리가 택하는 조종자가 우리의 시나리오와,
어느 줄을 당길지를 결정하지.
두 개의
시나리오
깨어남의
시나리오
잠 속의
시나리오

성령을 더 자주 택할수록 우린 더 빨리 깨어나서
몸과 꿈을 믿기를 멈추게 돼.
반대로 에고를 더 자주 택할수록
우린 꿈속에 더 오래 갇혀 있게 돼.
밑도 끝도 없는 에고의 몸뚱이 게임인
희생자-가해자 게임에 빠져서 말이야.
희생자-가해자 게임이야말로
우리가 자신의 죄의식을 고스란히 보전하는 비결이야.
희생자와 가해자
얼빠진 자를 위한 미끄럼틀 게임
연령 제한 없음
에고는 죄책감에 유혹당해.
왜냐하면 죄책감이야말로
신을 두려워하게끔 만드는
죄의 증인이거든. 죄책감은
우리를 분열과 자기제약의 꿈속에
가두는 자기혐오야.
하지만 에고는 투사를 통해 죄책감을
매력 있게 꾸며놓지.
이 꿈의 우주 속에서 투사는
'특별한 관계'의 형태를 취해.
특별한 관계
영사기

특별한 관계는 죄책감의 소굴이야. 그건 신과 우리의 관계를 대치하기 위한 에고의 술수에 이용되지. 그건 천국과 지옥을 연결시켜서 구분되지 않게 만들기 위한 인위적이고도 요상한 에고의 장치야.
특별한 관계란 일종의 '결합을 배제한 결합'이야. 그들이 결합을 꾀하는 술책은 바로 배제지.[8]
특별한 관계는 에고의 시공간 틀 안에 존재해. 그것은 과거와 미래에 의존하고, 몸 없이는 아무런 의미도 없지.[9]
에고에게 관계란 단지 몸들이 함께하는 것을 의미해. 에고는 마음이야 어딜 가든 무얼 생각하든 상관하지 않아. 희생당할 몸만 있으면 돼.[10]
상호조약: 내 이를 잡아주면 네 이를 잡아줄게.
에고에게 마음은 사적인 것이어서 공유될 수 있는 건 몸뿐이야. 에고에게 생각이란 그것이 다른 몸뚱이를 데려오든가 멀리하든가 할 때 말고는 관심사가 아니야. 에고가 생각을 좋거나 나쁘다고 평가하는 것도 그런 뜻에서야.[10]
자기야, 자기 몸이 여기 있다면 전화를 할 필요가 없을 텐데.
사람들이 죄책감을 느끼며 죄의식에 빠져 있게 하는 것은 '좋은' 것이고, 죄의식을 벗어나게 하는 건 '나쁜' 거야.[10]
뉴욕타임즈 베스트셀러
특별함의 비밀
당신의 애호물이 평생 당신 품에 안겨 있게 만드는 죄의식 여행법
에고 著
이 호불호가 에고의 두 종류의 특별한 관계를 만들어내지. - 특별한 혐오관계와 특별한 애정관계.

특별한 혐오
와
특별한 사랑
억눌린 죄의식을 상대방에게 투사할 때
우리는 특별한 혐오관계를 이용하지.
우리의 적은 사실 우리에게 매우 소중해.
왜냐하면 그들은 바로 우리의 희생양이니까.
양의 탈을 쓴 우리는 천국을
파괴한 것처럼 보이는 적을 비난하지.
억눌린 죄의식이 남긴 내면의 공허를 채우려고
우리는 특별한 애정관계를 이용해.
우리의 특별한 사랑은 매우 소중해.
왜냐하면 그들은 바로 신을 떠나왔다는
죄책감이 만들어낸 공허를
가려줄 가면이니까.
당신의
얼굴
세상이 말하는 '사랑'이 바로 이 특별한 사랑이야.
그건 모든 것을 포용하는 진정한 사랑이 아니라
에고 판의 사랑일 뿐이야. 그건 신과의 거룩한 관계를 대신하는
허약하고 덧없는 대용품이야.
특별한 애정관계 속의
사람들은
자신의 특별한 요구를 -
- 사람 -
멋진 애인
가족
친구
성별
세대
민족
- 물건 -
- 물질 -
커피
맥주
초콜렛
- 놀이 -

- 이데올로기, 장소 등등
특별한 성질을
가진 것들이
채워준다고 믿지.
특별한 혐오관계도 마찬가지야.
사람들은 특별한 사람, 물건, 물질, 일, 장소,
이데올로기가 죄책감을 느끼게 만드니
공격해야 한다고 믿지.
공해물질 배출을 멈추라
전쟁은 그만
성추행 추방
이민법 반대
변성의식상태를 추방하라
자본주의 돼지들을 잡아라
이건 모두가
차별적이고 판정적이고
중독적이고 변덕스러워.
특별한 사랑이든 혐오든
그건 모두가 죄책감
때문에 생긴 거야.
심리학의 원칙은, 네가 자신과 다르다고 여기는 누군가를
사랑하는 것은 불가능하다는 거야. 왜냐하면
너와 다른 사람은 네가 갖지 않은 것을 가졌기 때문이야.
에고가 그러는데,
난 불완전해서
특별한 사람인 네가
날 완전하게
해줄 수 있대.
그러니 '차이'의 인식만으로도
진정한 사랑은 벌써 차단돼버려. 왜냐하면
진정한 사랑은 궁극적으로 비이원적이어서 사실은
자기사랑이기 때문이야. 그런데 자신에게 뭔가가 부족하다고
여기면 자신을 사랑할 수가 없지. - 왜냐하면 그건 자신이
몸뚱이라는 믿음에 근거한 이원성을 일으켜놓기 때문이야.
사랑은 비교하지 않아. 특별함만이 비교하지.

Mola Ram 역: 알렉스(영화 '인디아나 존스')

힌두교 시간과 변화의 여신 칼리

이 우주에서 육체적 차원의 특별한 관계는 불가피해. 원자를 만들어내는 결합조차도 특별한 관계니까.
인간인 우리는 부모라는 특별한 사람들을 통해 특별한 가족의 특별한 몸으로 태어났어.
우린 특별한 장소와 특별한 시대에, 특별한 정부의 지배 아래 특별한 문화 속에서 자라고 살아가지.
21세기 미국, 골빈 소비주의 문화와 기업주의 정부…
우린 특별한 언어를 쓰고 특별한 음식을 먹고 특별한 사람들을 만나면서 살아가.
중서부 억양에 맥도널드 감자칩…
그러다가 결국은 죽지.
하지만 죽은 후에도 우린 다시 돌아와서 다른 환경과 다른 몸, 다른 시공간 속에서 똑같이 특별한 관계를 반복하고 또 반복해.

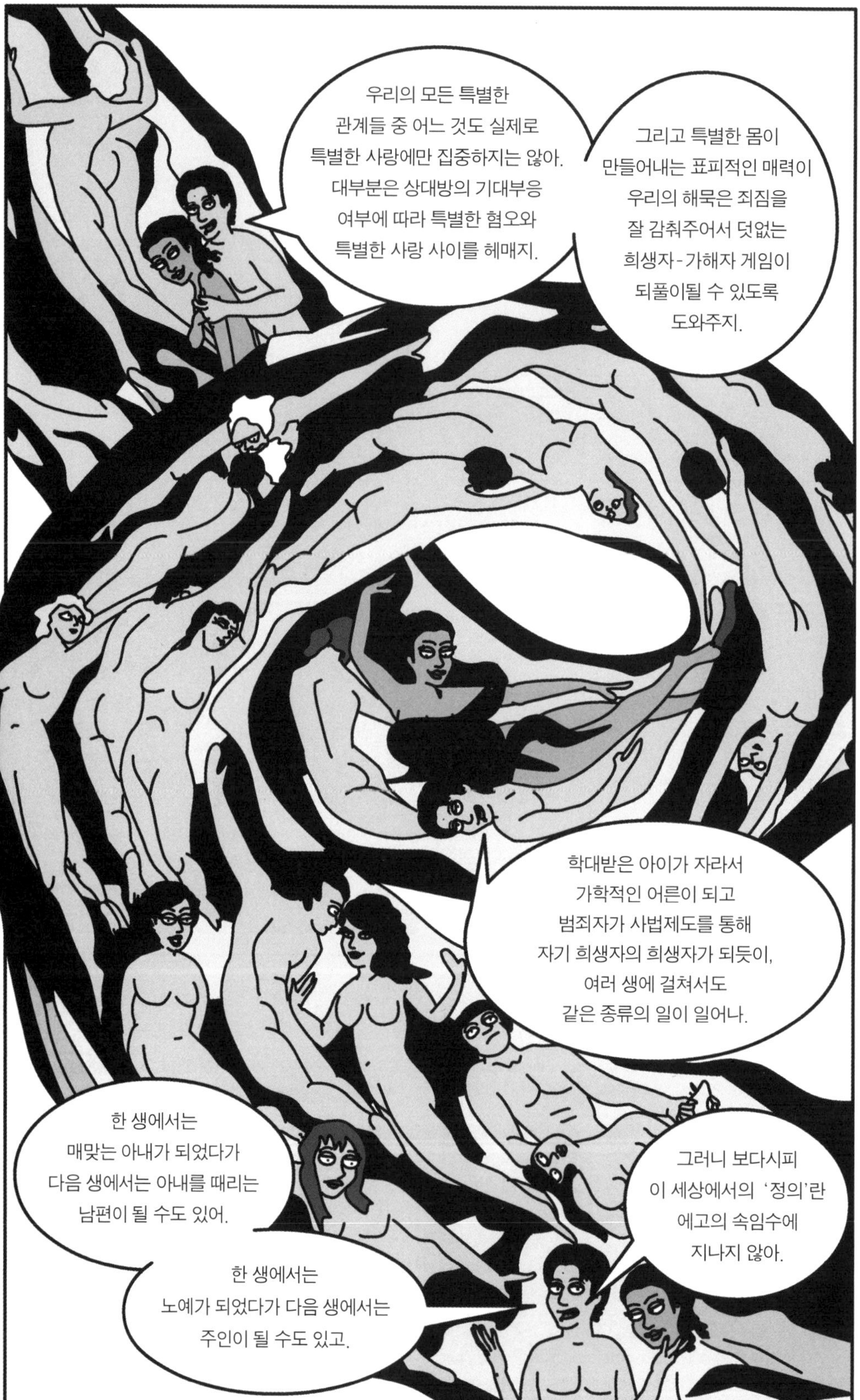

윌리엄 블레이크 작 '연인들의 소용돌이'

희생자-가해자 게임은 이 꿈의 모든 차원에서 되풀이되고 있어.
세포로부터 동물, 식물, 국가, 은하계에 이르기까지 이원성의 싸움은 영원히 이어지고 있지.
기만적으로 평화로운 표면은 갈등을 숨기고 있다.
야, 넌 왜 맨날 남의 것을 훔쳐가냐?
그건 생명의 순환이 아니라 죄의식의 악순환이야.
언제 물어보더라도 대부분의 사람들은 자신은 죄책감을 느끼지 않는다고 할 거야.
난 죄책감을 느끼진 않아. 하지만 아무개와 아무개는 정말 싫어.

이 꿈 우주를 투사한 배후의 속셈이 바로 그거야. 자신의 죄책감을 자각되지 않게끔 다른 사람에게 투사할 수 있게 해주거든. 우린 자기 자신의 내면만 빼놓고는 어딜 가든 죄의식과 음험한 구석을 들여다보기를 좋아해.
다음 드라마
〈특별한 희생자〉
당신의 무의식적 죄책감을 가공의 범죄자에게 투사할 수 있게 해주는 인기 드라마. 범죄자는 반드시 처벌받는다.
LCD
PHONY
그런데 사람들은 그렇게 투사하고 나서도 여전히 죄책감을 느껴. 하지만 그걸 다른 이름으로 부르지.
가슴이 쓰려
외로워
불안해
메스꺼워
미치겠어
지겨워
왜냐하면 투사된 죄책감은 재활용되거든. 이 꿈속의 저 밖에는 궁극적으로 너 자신이 아닌 사람이 없어.
달리 말해서, 상대방을 볼 때 넌 네 자신을 보고 있는 거야.
넌 필멸의 육신, 나도 필멸의 육신
넌 불멸의 영, 나도 불멸의 영
넌 죄가 있고, 나도 죄가 있어
넌 결백하고 나도 결백해
상대방에게 보내는 공격의 메시지가 사실은 너 자신에게 보내는 것임을 이해한다면 넌 그걸 보낼래?[11]
알렉스에게,
난 너를 증오해.
증오로,
ALEX
물론 그러진 않겠지. 넌 투사라는 에고의 비난 게임을 그만두는 근본적인 해법을 택할 거야.

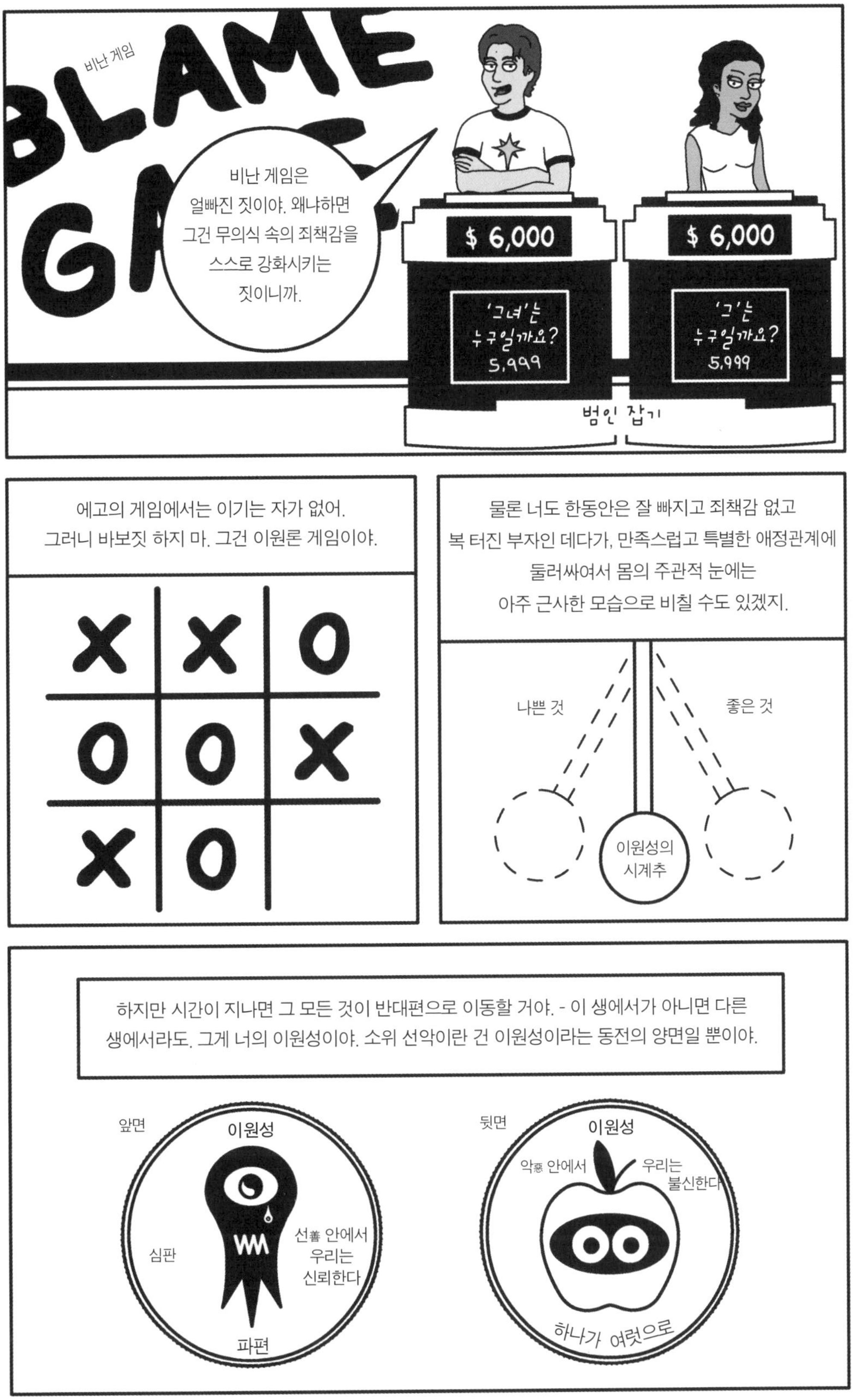
비난 게임
BLAME GA
비난 게임은 얼빠진 짓이야. 왜냐하면 그건 무의식 속의 죄책감을 스스로 강화시키는 짓이니까.
$ 6,000
'그녀'는 누구일까요? 5,999
$ 6,000
'그'는 누구일까요? 5,999
범인 잡기
에고의 게임에서는 이기는 자가 없어. 그러니 바보짓 하지 마. 그건 이원론 게임이야.
물론 너도 한동안은 잘 빠지고 죄책감 없고 복 터진 부자인 데다가, 만족스럽고 특별한 애정관계에 둘러싸여서 몸의 주관적 눈에는 아주 근사한 모습으로 비칠 수도 있겠지.
나쁜 것
좋은 것
이원성의 시계추
하지만 시간이 지나면 그 모든 것이 반대편으로 이동할 거야. - 이 생에서가 아니면 다른 생에서라도. 그게 너의 이원성이야. 소위 선악이란 건 이원성이라는 동전의 양면일 뿐이야.
앞면
이원성
심판
선善 안에서 우리는 신뢰한다
파편
뒷면
이원성
악惡 안에서 우리는 불신한다
하나가 여럿으로

이 꿈속에선 아무것도 영원하지 않아.
모든 건 변하지. 몸은 죽고, '아름다움' 같은 이 꿈속의 좋은
'것처럼 보이는' 것들은 죄책감을 매력 있어 보이게 만들기 위한
에고의 속임수일 뿐이야. 그건 모두 죄책감을 받아들일 만한
것처럼 보이게 하기 위한 교묘하고 얄팍한 분칠이지.
그러니까 세상은 사탕 속에 든 똥과도 같아.
그건 때로는 달콤하고 맛있지만 정말 깨물어보면
그게 사탕 속에 든 똥인 걸 깨닫게 되는 거지.
구름 한 점 없이 맑고 아름다운 경치도 결국은
땡볕에 그을린 메마른 풍경이 되고 말아.
부드럽게 먼지를 씻어주던 가랑비도
한 도시를 휩쓸어가는 홍수가 되지.
작고 귀엽던 강아지도 늙고 병들어
안락사를 시켜야만 하게 돼.
젊고 아름다웠던 미인도
어느새 쭈글쭈글한 노파가 되지.
이렇게 멋졌던 시절
기억나나요?
이크! 아랫도리가
축축해.

사실, 에고는 널 죽이려고 해.
그러니 에고를 자신과 동일시한다면 에고의 그 목표가
곧 네 목표가 된다는 걸 명심해.[12]
공포영화 '사탄의 인형'
하지만 다행히도 네가 정말로 죽을 수는 없어.
그러니 에고도 널 정말로 죽일 수는 없지.
공포영화 '새'
그래도 죽은 척은 할 수 있어. - 죄와 죄책감이
정말 있는 것처럼 보이게 할 수 있듯이 말이야.
에고에게는 에고가 곧 신이야.
그리고 '죄책감 없는 상태'는 에고에게는 '살해'를
완벽히 정당화해줄 최후의 죄목으로 해석되지.[13]
이 책속의 개념들과 관련해서 네가 느끼게 될지도 모를
모든 두려움은 궁극적으로 죄책감 없는 상태에 대한
에고의 정신 나간 해석으로부터 비롯된 거야.[13]
벤자민 역: 알렉스 - (영화 '졸업')
죄책감에 도전한다는 건 에고의 방어시스템을
정면으로 위협하는 것이어서, 그러면 에고는 더 이상
네 친구인 척하기를 그만둘 수도 있어.[14]
성령!
성령!

하지만 에고를 겁내진 마. 왜냐하면 에고는
아무것도 아니거든. 그건 네가 천국을 파괴했다는
불가능하고 그릇된 가정에 근거한,
자기혐오라는 얼빠지고 억눌린 작은 믿음일 뿐이야.
죄책감 없는 상태만이 너를 진정으로 투사할 수 있는
유일한 것이야.[15] 에고에게 등을 돌리고
성령을 향하는 법을 배워야만 하는 건
바로 그 때문이야.
Hello Oneness,
my old friend…
영화 '졸업' - 사이먼과 가펑클 sound of silence
너의 은밀한 죄책감은 아무것도 아니야.
네가 그걸 빛 속에 가져오기만 한다면
빛은 그걸 단번에 일소해버릴 거야.[16]
깨어남은 딱 한 가지의
포기를 필요로 해. -
- 죄책감 말이야.
하지만 죄책감은 진짜가 아니야.
그러니까 깨어난다는 건 아무것도 포기하지 않고
모든 것을 얻는 일이야. 최고로 환상적인 거래지.
신 ™
가격:
죄책감
뭔가를 포기한다는 건 희생 개념이어서,
그건 에고의 꿈에 속한 것이지
깨어남과는 상관 없는 일이야.

그러니 깨어나려면
네가 이 꿈속에서 가진 것처럼 보이는
보잘것없는 것들을 포기해야만 하는 걸로
오해하지는 마.
뭔가를 포기해야 한다고 생각하는 한
너는 에고의 희생 게임 주술에 걸려들어서
죄책감을 실재하는 것으로 만들고 있는 거야.
뭐든 실재해야만 포기할 수도 있는 거니까.
이 꿈이 제공하는
천국의 초라한 대용물(우상)은
죄책감의 꿈속을 헤매는 자들만이 좋아해.
죄책감이 없어지면
우상들도 그 실체인
무無로 사라져버리지.
DMC
BEER
CHOCOLATE BAR
죄책감은 아무것도 아니야. 아무것도 아닌 걸
포기하는 건 아무것도 포기하지 않는 거고.
잠에서 놓여나오는 동안 넌 아무것도 아닌 것을
계속, 더 많이 포기하게 될 거야.
그건 애쓸 것 없는 즐거운 과정이지.
하지만 에고에겐,
이건 아주
끔찍한 일이야.

다음 장에서
그 과정을 이야기해보자구.
그 전에
미안하지만
잠시 소변을 보고
와야겠어.
책 속의 주인공들은 소변을 보지 않는다는 걸
나도 알아. 하지만 어떡해, 그래도 볼일은 봐야지.
몸을 갖고 사는 삶이란 게 다 이 꼴이야.
다음 장에서 봐.

chapter 5/9

깨어서 꾸는 행복한 꿈

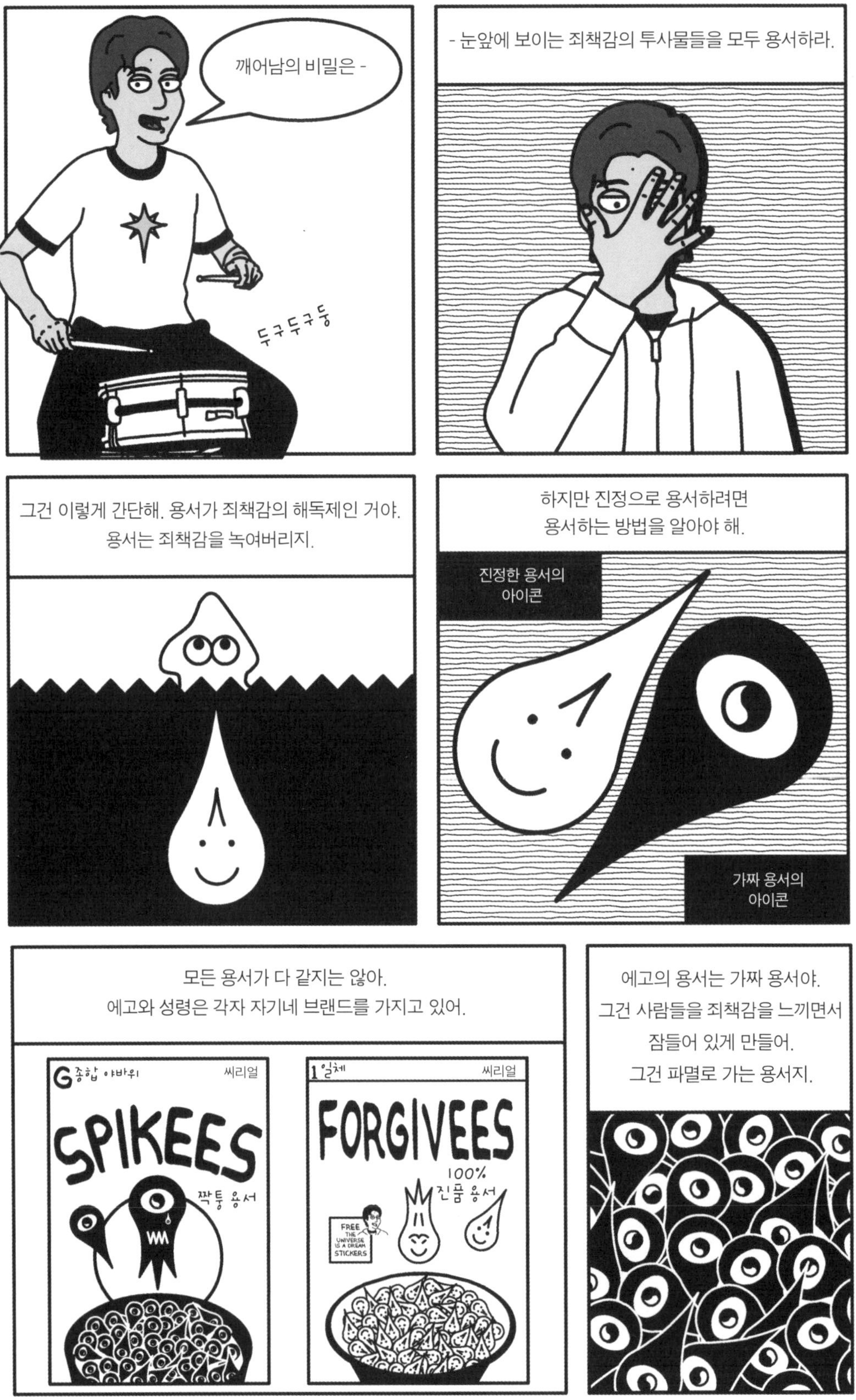
깨어남의 비밀은 -
두구두구둥
- 눈앞에 보이는 죄책감의 투사물들을 모두 용서하라.
그건 이렇게 간단해. 용서가 죄책감의 해독제인 거야.
용서는 죄책감을 녹여버리지.
하지만 진정으로 용서하려면
용서하는 방법을 알아야 해.
진정한 용서의
아이콘
가짜 용서의
아이콘
모든 용서가 다 같지는 않아.
에고와 성령은 각자 자기네 브랜드를 가지고 있어.
G 종합 야바위
씨리얼
SPIKEES
짝퉁 용서
1 일체
씨리얼
FORGIVEES
100%
진품 용서
FREE THE UNIVERSE IS A DREAM STICKERS
에고의 용서는 가짜 용서야.
그건 사람들을 죄책감을 느끼면서
잠들어 있게 만들어.
그건 파멸로 가는 용서지.

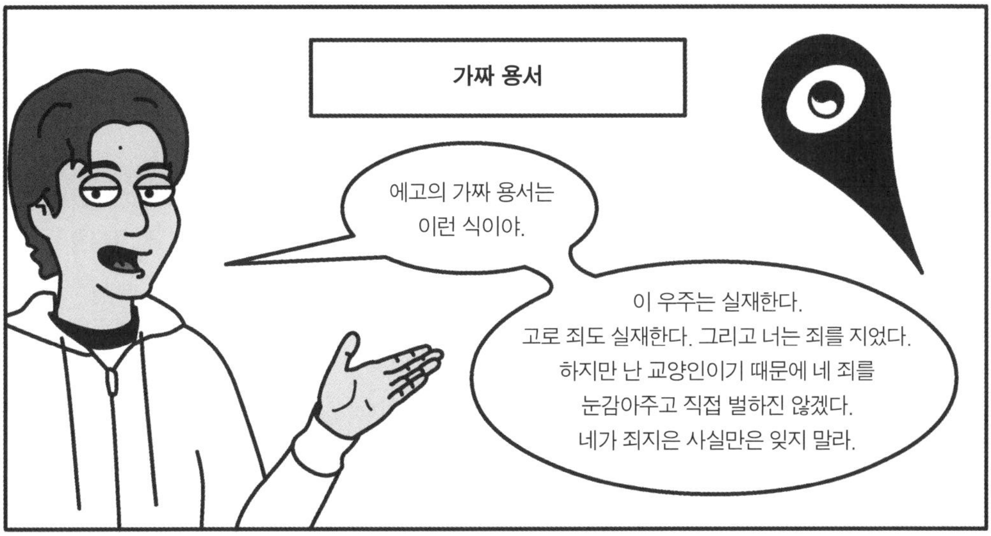
가짜 용서
에고의 가짜 용서는 이런 식이야.
이 우주는 실재한다. 고로 죄도 실재한다. 그리고 너는 죄를 지었다. 하지만 난 교양인이기 때문에 네 죄를 눈감아주고 직접 벌하진 않겠다. 네가 죄지은 사실만은 잊지 말라.

진짜 용서
반대로 성령의 진짜 용서는 이래.
이 우주는 실재하지 않는다. 고로 죄도 실재하지 않는다. 나는 눈앞의 이 죄책감 아이콘을 꿈꾸고 있는 것이다. 우리는 모두가 하나요, 순결무구하다. 나는 시간의 속俗삼위일체 너머 지금 이 거룩한 순간에, 성령의 힘과 하나가 되어 에고의 죄책감 아이콘을 아무런 분별 없이 바라봄으로써 나의 죄책감을 녹여낸다.
죄책감

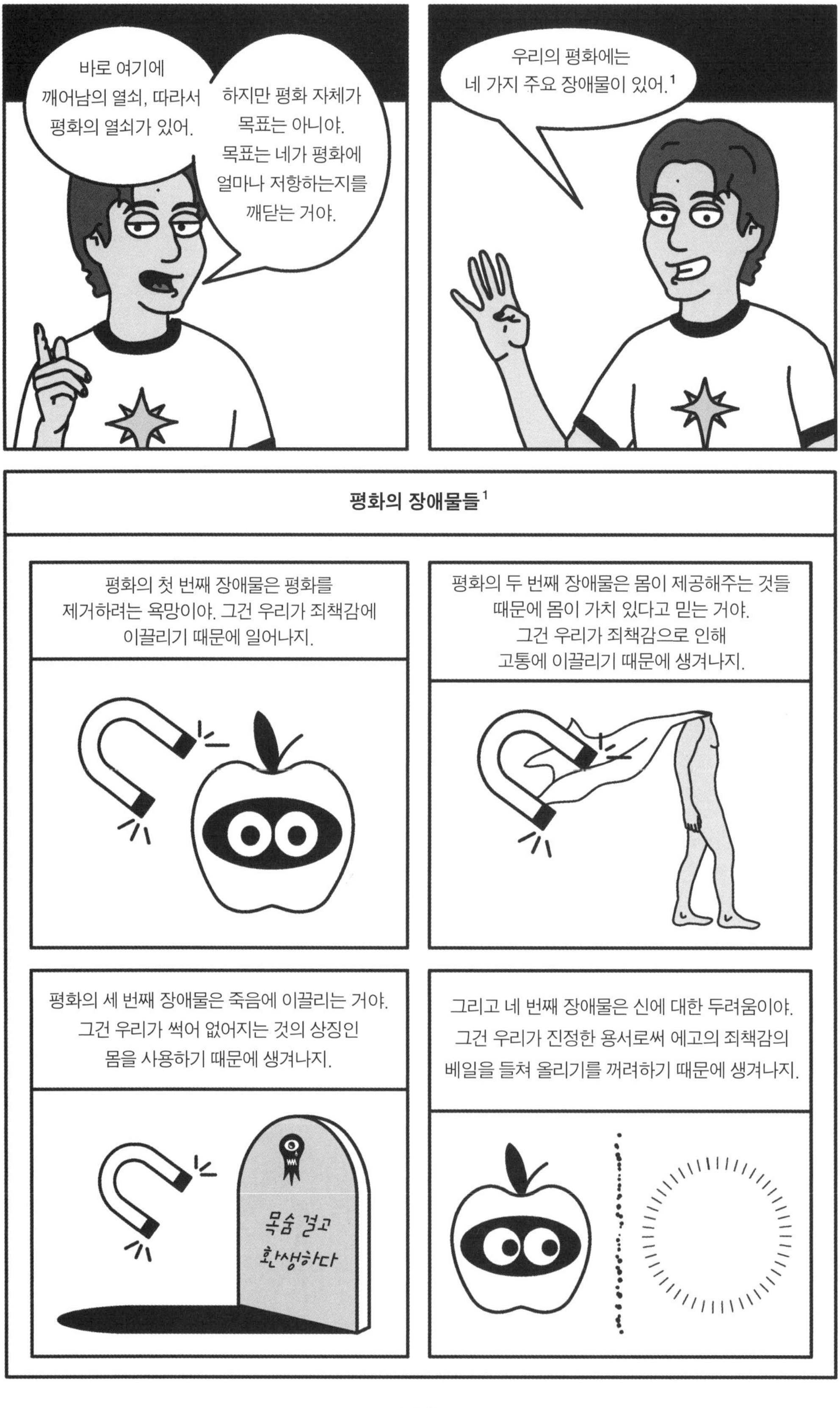
바로 여기에 깨어남의 열쇠, 따라서 평화의 열쇠가 있어.
하지만 평화 자체가 목표는 아니야. 목표는 네가 평화에 얼마나 저항하는지를 깨닫는 거야.
우리의 평화에는 네 가지 주요 장애물이 있어.[1]
평화의 장애물들[1]
평화의 첫 번째 장애물은 평화를 제거하려는 욕망이야. 그건 우리가 죄책감에 이끌리기 때문에 일어나지.
평화의 두 번째 장애물은 몸이 제공해주는 것들 때문에 몸이 가치 있다고 믿는 거야. 그건 우리가 죄책감으로 인해 고통에 이끌리기 때문에 생겨나지.
평화의 세 번째 장애물은 죽음에 이끌리는 거야. 그건 우리가 썩어 없어지는 것의 상징인 몸을 사용하기 때문에 생겨나지.
목숨 걸고 환생하다
그리고 네 번째 장애물은 신에 대한 두려움이야. 그건 우리가 진정한 용서로써 에고의 죄책감의 베일을 들쳐 올리기를 꺼려하기 때문에 생겨나지.

진정한 용서는 본질적으로 '자각몽 꾸기'야.
그건 비이원적 용서로서, 관찰자가 곧 피관찰자이고,
고로 용서하는 이가 곧 용서받는 이지.
꿈꾸는 한마음
달라 보이는
여러 마음들로
분열된 한 마음
여기선 상대방의 행위를 용서하는 게 아니야.
무의식 차원에서지만 네가 자청한 짓을
했을 뿐인 인물들로 가득한 꿈을
실재라고 믿고 있는 자신을 용서하는 거야.
나의 죄책감을
투사하려고 내가 이
모든 얼간이들을
만들어낸 거야.
진정으로 용서하면서 살면
그건 곧 꿈을 꿈으로 바라보면서 사는 거야.
실재는
이 모든 것들에
좌우되지 않아.
넌 네가 이 꿈을 지어냈음을 기억하고 있지.
이건 모두가
'나의' 꿈이야.
넌 꿈의 내용은 단지 네 마음의 내용물의 상징일 뿐임을 잘 알고 있어.
내가 네게서 느끼는 한심함은
천국을 버린 나 자신을 한심하게 여기는
내 믿음의 투사일 뿐이야.

넌 꿈속의 인물들이 벌이는 일들은 진짜가 아니어서 실질적인 영향력이 전혀 없다는 사실을 자각하고 있어.
이건 나의 꿈이고, 실재하지 않아.
넌 꿈속의 인물들이 순결한 불멸의 영이지 몸이 아님을 잘 알고 있어. 그들은 사실 너와 하나야. - '차이'는 환영일 뿐.
이 사람들은 몸이 아니야. 이들은 자유로운 존재야. 이들은 나와 하나니까.
그래서 뭉뚱그리자면, 넌 너의 바른 마음을 잊지 않고, 성령과 함께 에고를 바라보지. - 대개의 경우 이건 곧 용서하기를 꺼리는 자신의 저항감을 정직하게 바라보는 것을 뜻해.
진정한 용서 훈련의 열쇠는 깨어 있는 의식이야. 너의 단추가 눌러질 때마다, 죄책감의 투사 속으로 장황하게 빠져들기 전에 습관적이고 반응적인 심판을 가로채야만 해.
어디 한번 눌러 봐
용서하는 것보다 심판하는 게 훨씬 더 많은 시간과 에너지를 앗아가지. 사실 용서하기 위해서는 한 발짝 물러서서 성령과 함께 상황을 바라보는 것 외에는 할 일이 없어.
그 방망이 참 되게 무겁군!
반응하는 자신을 멈추게 하려면 처음엔 노력이 필요해. 하지만 결국은 반사적으로 심판하는 오랜 습관을 내려놓고 진정으로 용서하는 새로운 습관을 붙이게 될 거야.

너의 마음은 습관적인 싸움으로부터
습관적인 평화로 옮겨갈 거야.
난 용서하고 '행복하고' 싶은가?
아니면
내 용서의 부족을 합리화하기 위해 심판하여 '옳고' 싶은가?
아무튼 기본적으로, 에고가 좋아하는
쌍시옷 발음으로 돌아가고 싶을 때마다
순한 발음인 '용서'를 선택해야만 해.
운전 중에 전화질하는 저 용(서)받(을) 녀 좀 보게.
FLORIDA
KLW 13S
PRIUS
HUMMER
HE WHO DIES WITH THE MOST TOYS WINS
IT'S A CAR AND A PHONE BOOTH
NAMASTE, DICKWEED
어떤 형태로든 너의 평화를 깨트리는
자잘한 일들 하나하나가 죄책감을,
따라서 신과의 '외견상' 분리의 재현을 부추기는
신호, 곧 진실에 대한 공격이야.
배고파
추워
피곤해
외로워
짜증나
지겨워
신과의 '외견상의' 분리가 재현될 때
선택을 또 다시 요구받게 되는데, 이번엔 에고 대신
성령을 선택해야만 하는 거야.
그러니까 경각심을 놓지 않고 있다가 마음의 평화를
깨트리는 자잘한 일들을 모두 용서해야만 해.
부릉부릉 부릉부릉
쿵짝쿵짝
니네 자동차 소리와 음악은 못 들어주겠어, 이 찌질아!
월드 투데이
예의는 어디서 무얼하고 있는가?
이게 마음속 죄책감의 빙산을 녹이는 방법이야.

넌 반사적으로 심판하는
습관을 잊지 말고 가로채기만 하면 돼.
그러곤 성령을 택하여 함께 그것을 바라보고 용서해.
그럼 그 나머지, 마음속의 죄책감을 뿌리 뽑는 건
성령이 알아서 해줄 거야.
성령은 바른 마음의 상징이야. 그게 우리의 참자아지.
성령을 예수, 붓다, 수호천사, 더 높은 자아 등 다른 바른 마음의 상징들과 바꿔놔도 돼.
바른 마음 안에서 우린 모두가 하나야.
그러니 바른 마음의 모든 상징들은 내용이
다르지 않은 한 모두가 같아. 어떤 상징이든
그게 네게 문제가 된다면 용서해.
난 사실
종교가 지어낸 것과 같은
그런 인물이 아니야.
날 용서해.
성령을 향하는 것은 너의 참자아를 기억하는 것이고,
깨어남엔 그게 필수야.

혼자서는 할 수 없어. 바로 혼자서 하려고 했던 게 애초에 이 꿈이 생겨나게 한 원인이야. 그건 에고의 방식이지.
이것 봐! 핸들 없이도 자전거를 탈 수 있어.
용서의 달인이 되려면 언제나 에고를 향하는 습관을 언제나 성령을 향하는 습관으로 바꿔야만 해.
에고야 미안. 이 상황은 달리 바라볼 거거든.
밤에 꾸는 꿈속에서까지 성령을 향하고 용서를 하기 시작하면 넌 용서에 익숙해지고 있는 거야. - 잠속의 꿈은 깨어서 꾸는 이 꿈과 심리학적으론 똑같아.
걸으려고 해도 다리가 안 움직이는데, 성령님, 이걸 심각하게 받아들여야 하나요?
잠속의 꿈은 이 우주의 꿈과 심리학적으로 동일한 것임을 유념하라. 둘 다 실재에 반하는 소망을 이루려는 시도다. 두 종류의 꿈 간에 유일한 차이는 잠속의 꿈은 개인적인 것이라서 규칙이 덜 고정적이라는 점이다.
그리고 잠속의 꿈에서 용서하기를 기억할 수 있으면 죽을 때조차도 용서를 기억할 수 있게 돼.
성령님, 뭔가가 풀려나고 있는데 느낌이 이상해요. 이걸 심각하게 받아들여야 하나요?
죽음은 깨어남과는 아무런 상관도 없어. 그러니 무의식의 죄책감을 다 녹이기 전에 죽는다면 넌 결국 또 태어날 거야.

죽으면 넌 임사체험을 한 사람들이 보고하듯이 잠시 동안 몸에서 해방돼.
하지만 죄책감에 물든 마음은 몸을 요구하지. 그래서 대부분의 마음은 몸에서 해방된 그 시간을 잠시 밖에 견디지 못해. - 왜냐하면 우리 무의식의 죄책감이 숨는 곳이 다름 아닌 몸이거든.
이 생에서 진정한 용서를 연습하기만 하면 다음 생애의 꿈 속의 몸으로 다시 태어날 때 넌 이미 천성적으로 용서할 줄을 알게 돼.
그러니까, 네 마음의 결정내리는 부분이 천성적으로 성령 쪽으로 더 동조되어 있는 거지.
그리고 이 생애에서 배웠던 것들에 대한 선천적인 기억을 가지고 있어.
비이원성
비이원성
친절하기
용서
이건 꿈이야
사실 뇌는 아무것도 진정으로 알거나 기억하지 못해. 그건 기억을 에고의 단선적 시공간 관념 안에만 한정시킬 수 있도록 돕는, 꿈의 한 자동부품일 뿐이야.

하지만 뇌와는 달리 마음은 모든 걸 알고 기억해.
사실 이 모든 꿈의 시나리오를 쓴 건 마음이야.
에고는 널 아무것도 기억 못하는
멍청이로 만들어서 계속 잠들어 있게 하지.
두뇌 밖은
넘보지도 마.
성령은 네가 빨리 깨어나도록
진실을 기억해내는 것을 도와주지.
세상을 심각하게
받아들이지 마.
용서 훈련을 했지만 깨어나기 전에 죽는다면
다음 생에서는 지난번 중단된 데서부터 공부를
이어가는 데 필요한 것을 발견하게 될 거야.
그러니까 죽음은 걱정할 필요가 없어.
성령의 돌봄에 내맡겨두면
성령이 널 돌봐줄 테니까.
이 생에서 죄의식을 다 녹이지 못하면
백년 후에 이 책을
어떤 형태로든 읽게 될지도 몰라.
As time goes by…
에고야
그 노래
다시 좀 해봐.
릭 블레인역: 알렉스 (영화 '카사블랑카')

스포크 역: 알렉스 (SF 드라마 '스타트랙')

살바도르 달리 '기억의 영속성'에서 따온 이미지

그러다 보면 결국 자기 안을 들여다봐도
아무런 부족을 찾지 못하게 되지.
난 끝없는 사랑으로 가득해.
그러면 넌 다른 이들과 함께하여 모두를 자신으로 여김으로써 온전한 자신을 확장시킬 수 있게 돼. 몸 너머를 볼 수 있게 되고 차이를 발견할 수 없게 되고 타인에게서 빼앗아올 게 없어져.[3]
그리하여 너의 특별한 관계는 용서를 통해서 마침내 거룩한 관계가 되는 거지.
거룩한 사랑의 아이콘
달리 말하면, 특별한 관계를 용서라는 거룩한 목적에 이용하면 그것은 거룩한 관계가 되어 진정한 사랑을 맞이해 들이게 된다는 뜻이야.
남자친구가 있는데, 넌 아니야.
이 세상의 특별한 사랑은 진정한 사랑과는 거리가 멀어.
오로지 너만을 사랑할게. - 내 기대에 부응하는 한.
늘 기쁘고 무엇이든 포용하는 진정한 사랑과는 달리, 특별한 사랑은 매우 한정적이야. 그리고 주어진 조건에 맞을 때만 기쁜 '것처럼 보여'.
특별한 사랑
합의조건
다음 조건에 서명합의한다
X
PREPARED BY EGO AND ASSOCIATES
PAGE 1 OF 13,475

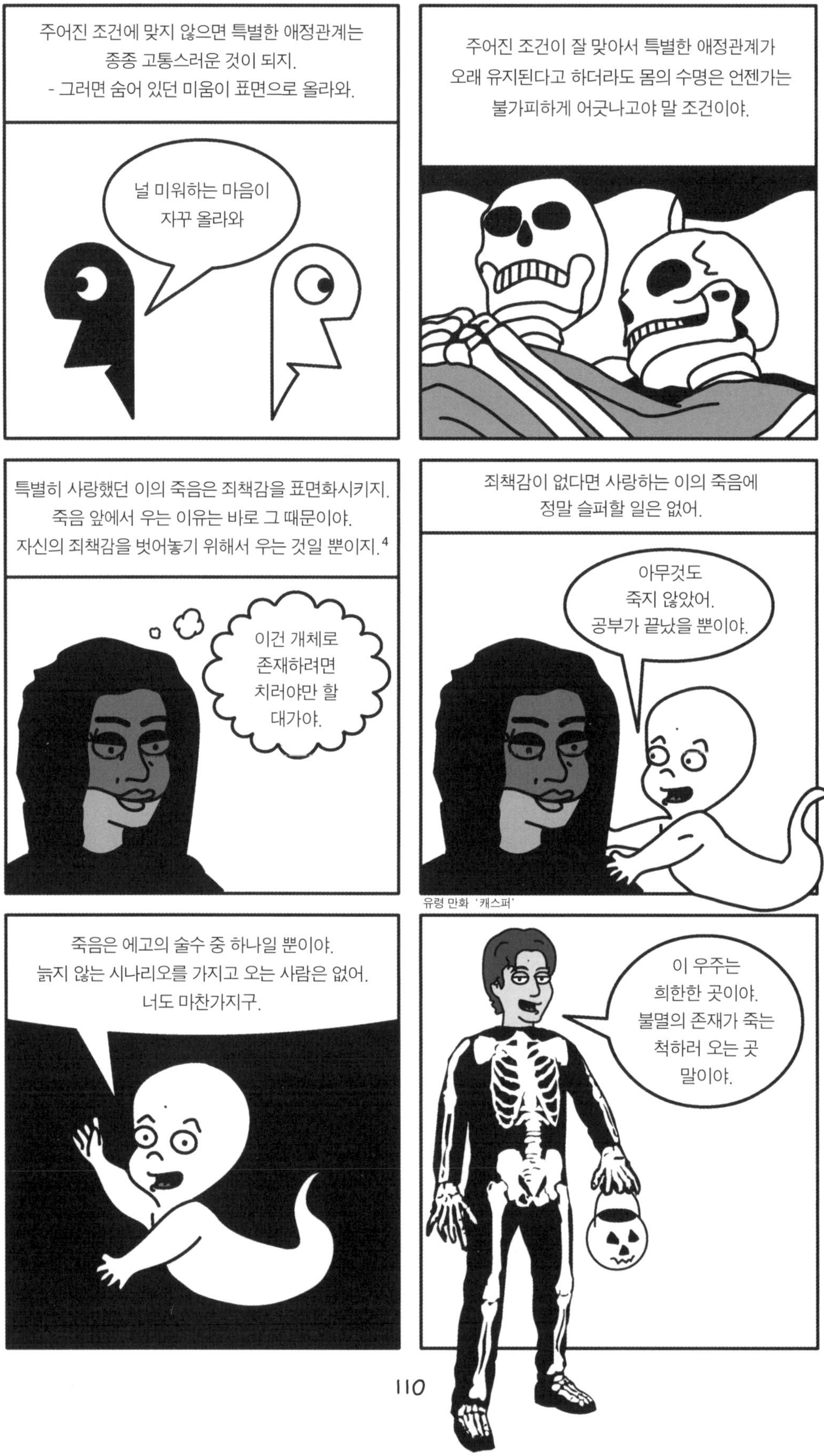
주어진 조건에 맞지 않으면 특별한 애정관계는
종종 고통스러운 것이 되지.
- 그러면 숨어 있던 미움이 표면으로 올라와.
널 미워하는 마음이 자꾸 올라와
주어진 조건이 잘 맞아서 특별한 애정관계가
오래 유지된다고 하더라도 몸의 수명은 언젠가는
불가피하게 어긋나고야 말 조건이야.
특별히 사랑했던 이의 죽음은 죄책감을 표면화시키지.
죽음 앞에서 우는 이유는 바로 그 때문이야.
자신의 죄책감을 벗어놓기 위해서 우는 것일 뿐이지.[4]
이건 개체로 존재하려면 치러야만 할 대가야.
죄책감이 없다면 사랑하는 이의 죽음에
정말 슬퍼할 일은 없어.
아무것도 죽지 않았어. 공부가 끝났을 뿐이야.
죽음은 에고의 술수 중 하나일 뿐이야.
늙지 않는 시나리오를 가지고 오는 사람은 없어.
너도 마찬가지구.
이 우주는 희한한 곳이야. 불멸의 존재가 죽는 척하러 오는 곳 말이야.
유령 만화 '캐스퍼'

진정한 용서의 훈련을 하면 그것이 마음속의
무의식적 죄책감을 치유해줄 거야.
그러면 넌 갈수록 죽음을 개의치 않게 돼.
용서의 방탄조끼를
입게 될 테니까.
그래서 넌 사람들을 사랑하고 돌보다가
그들이 몸이 아니라 불멸의 영이고, 진실 안에서
영원히 너와 하나임을 깨닫게 될 거야.
달리 말해서
넌 사람들에게 친절을
베풀되 그들의 고통에
연루되진 않을 수
있게 될 거야.
몸은 한정된 소통도구로 사용되기 때문에
사람이 죽으면 소통이 끊긴 것처럼 보여.
나가
누가 말했지?
하지만 실제로는 마음은 모두 연결되어 있어서
죽음이 정말 소통을 끊어놓지는 못해.
몸이 정말로 소통을 돕지도 못하듯이 말이야.
이 꿈속에서는 진정한 비이원적 용서만이
진실한 사랑의 표현이야. 고로, 진정한
비이원적 용서만이 이 꿈속의 진정한 소통이야.
죽었든 살았든, 가깝든 멀든 간에
우린 사람이나 사건들을 용서할 수 있어.

결국 이 모든 꿈은 그 자체가 용서해야 할 기억이야. 오랜 과거의 사람들과 사건들의 기억과 기록을 되살펴보듯이, 우린 이 꿈을 되살펴보지.
그런 의미에서 이 꿈은 손 끊지 못하는 우리의 자작 비디오 게임과도 같은 거야.
'고통스러운' 기억은 '용서되지 않은' 기억이야. 그리고 모든 기억은 우리가 신과 헤어져 '외견상' 두려움이 사랑의 자리를 차지했던 그 태초의 기억과 연결되어 있어.[5]
사실 분리는 끝났어. 그건 이미 바로잡아졌어.
하지만 우리는 그 기억을 이 꿈속에 '재현'함으로써 그것이 살아 있고 진짜인 것처럼 보이게 하기로 택하지. 에고에 의하면, 그게 바로 분리가 현실이라는 증거라는 거야.
그냥 재미로, 이 꿈속의 모든 끔찍한 일들을 떠오르는 대로 생각해봐. 무서운 것일수록 좋아.
예컨대 이렇게 말해봐:
(　　　　)가 일어날까봐 겁나.[6]

이 수준의 생각은 시나리오를 쓸 줄 모르니까
그런 생각들에 겁먹지는 마.
무서운 생각
무서운 생각
무서운 생각
무서운 생각
무서운
시나리오는 이미 써져 있으니까 걱정 말고.
네가 해야 할 선택은 단지 에고의 장황한 시나리오와
성령의 단축된 시나리오, 둘 중 하나야.
SCRIPT
SCRIPT
너의 두려움은 단지
무의식의 죄책감을 나타낼 뿐이야.
죄책감은 처벌을 기다리지.
그런 죄책감이 없다면
무서운 생각들도 우스워질 거야.
불멸+필멸 = 웃김
그 모든 무서운 생각들은
너 자신에 대한 공격이야.
요지부동한 너를
공격하는 거야.[7]
My favorite thiings (영화 '사운드 오브 뮤직')
부정적 사고나 긍정적 사고나
크게 다를 게 없어.
양쪽 다 가짜지.
진실은 하나라서
이원적이지 않거든.
에고가 공격해올 때,
죄책감에 아플 때,
기분이 나쁠 때 -
그냥
네가 좋아하는
환영들을 떠올리렴,
그럼 그렇게
슬프진 않아질 거야.

긍정적인 것과 부정적인 것을 분별하는 것이
'심판'인데, 그건 어떤 환영은 좋고
어떤 환영은 나쁘다는 것을 전제로 하지.
선악 측정기
선
악
'부정적인' 것을
'긍정적인' 것으로써
덮으려고 하지 말고,
그것을 용서하여
근절하라.
사실 환영은 좋지도 나쁘지도 않아.
그건 아무것도 아니야.
말하자면, 성령에게 이 꿈 우주는 중성이야.
그러니까 누가 널 보고 참 똑똑하고 잘생겼다고 한다면
그건 네가 멍청하고 못생겼다고 하는 것과 다르지 않다는 말이야.
칭찬도 욕도 똑같이 무의미해. 그건 모두가 몸, 인격과 같은 환영을 기준 삼은
주관적인 판단이야. 모두가 에고의 설정이지.
참 나인 영은 완전하고 이원성을 초월해 있어서
칭찬할 수도 욕할 수도 없어.
사랑해
넌 천재야
넌 멍청이야
넌 싫어
..?
네 작품 죽여줘
너 정말 멋쟁이야
멋진 셔츠네
꼴보기 싫어
희한한 옷이
다 있네
그 정도면
괜찮아
넌 미남이야
헤어스타일
멋지군
네 작품은 별로야
볼품 없군
이 꿈속에서
진정으로 긍정적인
유일한 생각은,
이 꿈은 진짜가
아니라는 생각이야.
진짜인 것은
위협받지 않는다.
진짜가 아닌 것은
실재하지 않는다.
15
다른 모든 생각들은
근본적으로 이원적이고,
고로 환영이야.

신은 원자폭탄을
창조하지 않았으니까
그건 진짜가 아니야.
신은 자동차 추락을
창조하지 않았으니까
그것도 진짜가 아니야.
신은 지진을
창조하지 않았으니까
그것도 진짜가 아니야.
신은 질병을
창조하지 않았으니까
그것도 진짜가 아니야.
신은 세상이 '좋게' 여기는 것들을 포함해서
이 덧없는 세상의 그 어떤 것도 창조하지 않았어.
신이 창조한
유일한 것은 '너'
- 추상적 영인 너야.
그래서 신은
네가 이 세상에서 보는
모든 것에 있어.
왜냐하면 신은 네
마음속에 있으니까.
신을 용서자로 바라보면
우주는 너에게
실재하지 않는다.
신을 처벌자로 바라보면
우주는 너에게
실재한다.
마음속의 죄책감을 없애면
신과 자기 자신과 세상에 대한
이원적이고 왜곡된 시각이 다 사라질 거야.

모든 두려움은 신에 대한 두려움이야. 그건 거룩한 사랑에 대한 부인이지. 두려워하는 생각들은 그게 이 꿈 속에 남아 있든지 없든지 간에 실재하지 않아.
에고는 두려움을 최소화하려고 하지 지우려 들지는 않아. 에고의 게임에는 몸이 필수인 것처럼 두려움도 꼭 필요하거든.
최소화된 두려움의 보기:
우월감 느끼기
믿지 않기
'쾌활해'하기
초연한 척하기
무덤덤해지기
무관심하기
냉정하기
심지어는 필사적으로 굴기[16]
대부분의 두려워하는 생각들은 몸을 싸고돌아. 왜냐하면 몸이야말로 네가 취약하다고 생각하게 만들기 위한 에고의 술책이니까.
하지만 사실 넌 몸이 아니야. 넌 자유로운 존재야. 넌 여전히 신이 창조한 그대로니까.[8]
넌 외견상 여러 번 죽었어. 네가 아는 모든 사람과 애완동물들, 그리고 다른 모든 사람들도 마찬가지야.
YOU
YOU
YOU
YOU
하지만 넌 외견상 오늘 여기에 있고, 네가 아는 모든 사람과 애완동물들, 그리고 다른 모든 사람들도 그래. 그렇다면 죽음이 정말 문제겠어? 죽음은 단지 마음을 죄책감에 시달리게 만들기 위한 마술쇼일 뿐이야.

미국 유머잡지 MAD에서 따온 이미지

돈 락우드 역: 알렉스 (뮤지컬 'Singing in the Rain')

진짜가 아닌 것을 파괴하는 것은
화낼 일이 아니잖아.[10]
이슈아에게 십자가형은 아무것도 아니었어.
그에겐 고통이 없었지. 왜냐하면 그는 고통받을 줄을
모르는 '죄책감 없는 마음'을 가졌기 때문이야.
그는 이랬어:
오, 이게
오늘의 시나리오야?
뭐든 -
- 덧없는 여행의
마지막 대목이로군.
십자가 수난을 통해 이슈아는
오로지 사랑을 가르쳤어. 그는 곧 사랑이었고,
언제나 사랑일 것이었으니까.[11]
십자가 사건은
다름 아닌 평화를
갈구하는 외침이었어.
진정한 사랑은
불만을 품지 않아.
사랑에 의해 창조된 너 또한
당연히 불만을 품을 수 없고, 자신을 알지.[12]

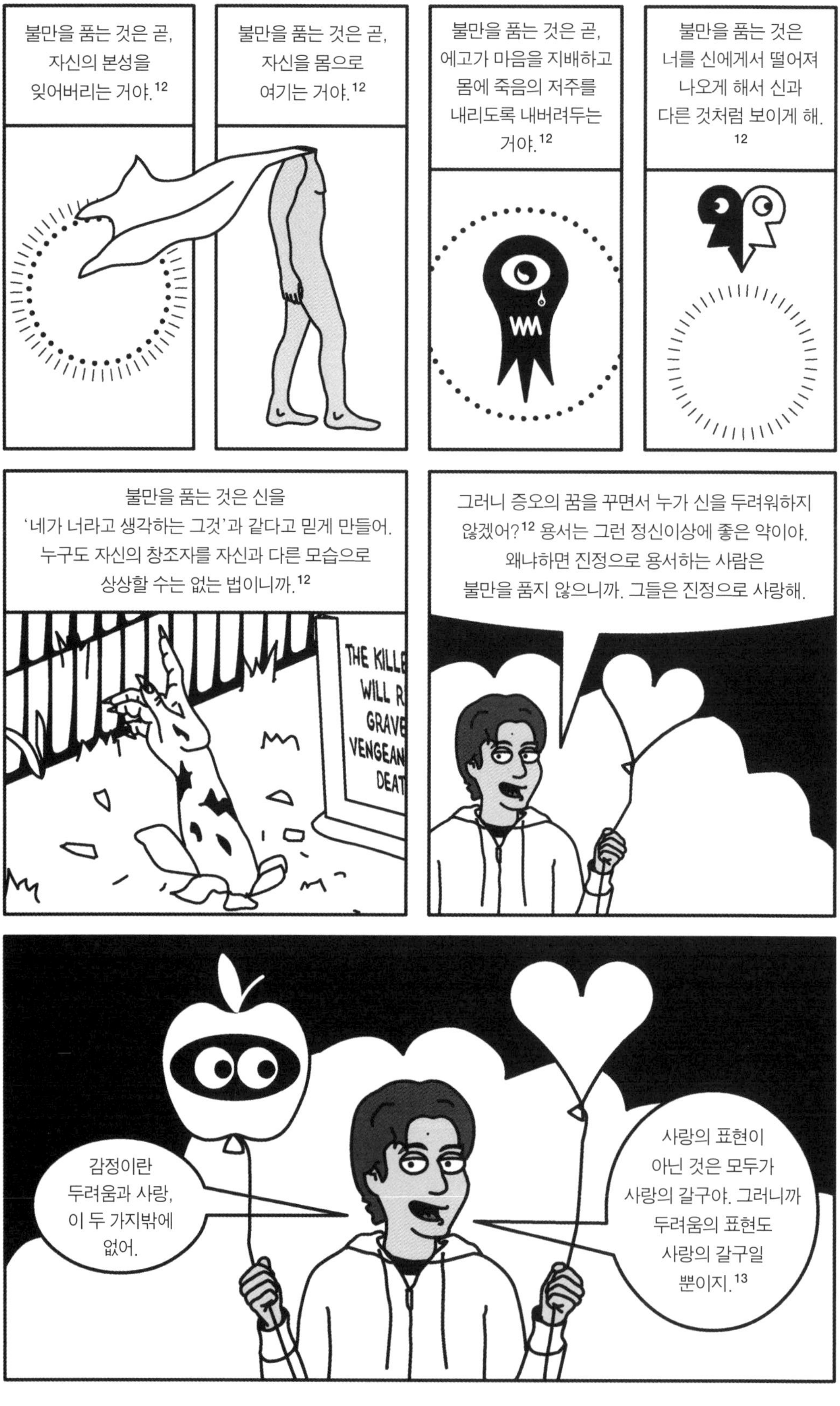
불만을 품는 것은 곧, 자신의 본성을 잊어버리는 거야.[12]
불만을 품는 것은 곧, 자신을 몸으로 여기는 거야.[12]
불만을 품는 것은 곧, 에고가 마음을 지배하고 몸에 죽음의 저주를 내리도록 내버려두는 거야.[12]
불만을 품는 것은 너를 신에게서 떨어져 나오게 해서 신과 다른 것처럼 보이게 해.[12]
불만을 품는 것은 신을 '네가 너라고 생각하는 그것'과 같다고 믿게 만들어. 누구도 자신의 창조자를 자신과 다른 모습으로 상상할 수는 없는 법이니까.[12]
THE KILLE
WILL R
GRAVE
VENGEAN
DEAT
그러니 증오의 꿈을 꾸면서 누가 신을 두려워하지 않겠어?[12] 용서는 그런 정신이상에 좋은 약이야. 왜냐하면 진정으로 용서하는 사람은 불만을 품지 않으니까. 그들은 진정으로 사랑해.
감정이란 두려움과 사랑, 이 두 가지밖에 없어.
사랑의 표현이 아닌 것은 모두가 사랑의 갈구야. 그러니까 두려움의 표현도 사랑의 갈구일 뿐이지.[13]

그러니 '모든' 경우에 적절한 반응은 사랑이야. 그것밖에 없어. 사실 사랑이란 두려움을 놓아 보내는 것일 뿐이야.
순진무구한 상태는 방어의 필요를 느끼지 않지. 분노와 공격은 결코 정당화될 수 없어. 그러니 깨어나는 것이 목표라면 타협으로 자신을 기만하지 마.
이 수준에서는, 다른 사람들의 행위를 네가 책임질 필요는 없지만 다른 사람들의 행위에 대한 너의 반응은 책임져야 해.
물론 정신이상자가 사람들을 죽이고 다닌다면 붙잡아 가둬서 에고의 희생자 놀이 시나리오를 끝내야겠지만.
살인마 또 출현
그는 '인간을 사냥하러' 다닌다고 했습니다.
하지만 사랑이 결핍된 다른 모든 표현들과 마찬가지로, 살인도 단지 미친 사랑의 갈구일 뿐이야.
온갖 두려움과 사랑의 결핍이 마음의 병을 만들지.
꿈은 진짜가 아니야 - 살인의 꿈조차도. 살인은 죄책감에 대한 믿음의 한 상징일 뿐이야.
그러니 살인자들도 모든 사람과 마찬가지로 순결무구하다는 걸 알아야 해.

공포영화 '샤이닝'

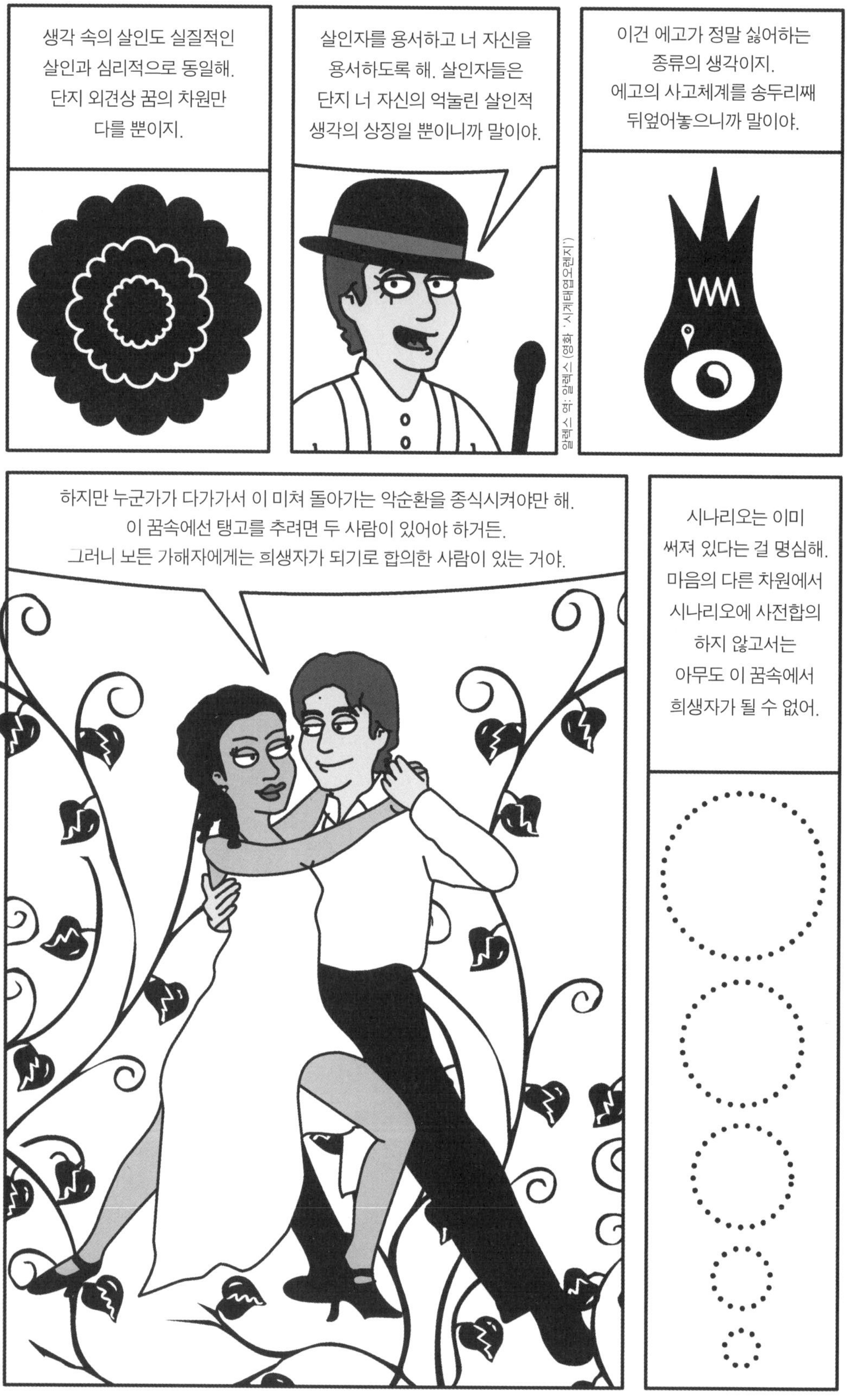
생각 속의 살인도 실질적인 살인과 심리적으로 동일해. 단지 외견상 꿈의 차원만 다를 뿐이지.
살인자를 용서하고 너 자신을 용서하도록 해. 살인자들은 단지 너 자신의 억눌린 살인적 생각의 상징일 뿐이니까 말이야.
알렉스 역: 알렉스 (영화 '시계태엽오렌지')
이건 에고가 정말 싫어하는 종류의 생각이지. 에고의 사고체계를 송두리째 뒤엎어놓으니까 말이야.
하지만 누군가가 다가가서 이 미쳐 돌아가는 악순환을 종식시켜야만 해. 이 꿈속에선 탱고를 추려면 두 사람이 있어야 하거든. 그러니 모든 가해자에게는 희생자가 되기로 합의한 사람이 있는 거야.
시나리오는 이미 써져 있다는 걸 명심해. 마음의 다른 차원에서 시나리오에 사전합의 하지 않고서는 아무도 이 꿈속에서 희생자가 될 수 없어.

전체적인 관점에서 보면
순결한 희생자라는
개념은 모순어법이야.
듣지 마.
내 말 들려?
에고의 말을 로봇처럼 따르는 이들은
가해자-희생자의 악순환 시나리오를 따라가지.
가해자와 희생자
사이에는 언제나
무의식 속에 감춰진
은밀한 합의가 있어.
소위 '카르마'란 게 그거야. 죄책감과 어울려
노는 것은 반드시 돌아오게 되어있지. 그건 모두가
분리를 실재하는 것처럼 보이게 하려는 속셈이야.
그러니 어떤 사람만 특별히 죄 없다고 생각하진 마.
모든 매도는 자기매도이거든.
범인은 너야.
강아지나 아이들만이 순진무구하고 살인자와 어른들은 그렇지 않다고 주장하고 싶다면
그건 속은 안 보고 겉모습만 보는 자기기만이야.
아기가 자라서
학살자가 되면
귀여운 아기=순결한
사랑의 표현
학살자=순결한 사랑의 갈구

사람, 동물, 외계인, 그리고 모든 존재는 죄책감의
짐과 에고를 고스란히 가지고 이 우주에 오지.
오는 이유는, 그들이 이 우주를 만들었기 때문이야.
도착
수하물 찾는 곳
2:10 DIVIDED IN TIME
5:33 DIVIDED IN TIME
1:00 UNITED TIMELESS
1:00 UNITED TIMELESS
죄책감의 짐
가짜 용서는 물론이지만,
선택적인 용서도 널 집에 데려다주지 못해.
진품용서 씨리얼에
들어 있는 마시멜로만
쏙쏙 골라 먹어야지.
이거 말곤 짝퉁용서
씨리얼이 더 나아.
매 순간 성령과 함께 진정한 용서를 해야만
집에 돌아가게 될 거야. 그것만이 널 잠에 빠져 있게
하는 죄책감을 녹여줄 테니까.
성령과 함께 사고하면
넌 너의 참자아인 성령이 될 거야.
진정한 용서는 차원 높은 형태의 무분별심이야.
에고는 분별심을 가지고 미워할 대상과
사랑할 대상을 분별해. 에고의 판단은 언제나
'과거'를 기준으로 하지.
쟤는 유난히도
사랑스러운데
쟤는 유별나게 미워.
반대로 성령은 사랑의 표현과 사랑의 갈망을
구별하기 위해서만 분별심을 사용하지.
성령의 판단은 언제나 현재를 기준으로 해.
'지금'이라는 거룩한 순간 말이야.
저건 사랑의 표현이고
저건 사랑의 갈구야.
어느 쪽에나
적절한 반응은
거룩한 사랑이지.

붓다는 깨어나기 위해 무분별심을 사용했지만
그게 그를 신이 계신 집에까지 데려다주진 못했어.
- 최소한 곧바로는 말이야.
이것은 좋은 것도,
나쁜 것도 아니다.
무분별심 하나만으론 사실
진정한 용서보다 더 어려워. 그건 시간도 더 걸리지만
신의 문제를 다루지도 못해.
그래서 붓다는 이슈아가 용서를 통해
도달할 수 있었던 경지에 이르기 위해
다시 한 번 환생해야 했어.
모든 심판은
자기심판이니,
네가 심판받지 않으려면
심판하지 말라.
대신 용서하라.
삶의 문제처럼 보이는 모든 것은 용서의 과제야.
배워야 할 걸 배워서 용서하면 그 공부와 관련된
마음속의 죄책감이 녹게 돼. 그리하여
본연의 일체상태를 향해 가면
마음은 갈수록 더 평화롭고 환희로워지지.
모든 마음은 연결되어 있어. 그래서 너의 용서는 서로 알지도 못하는
많은 사람들까지 감동시키고, 때로는 스스로도 알아차리지 못했던 힘을 발휘해서
꿈꿔본 적 없는 변화를 일으키게 될 거야.[14]

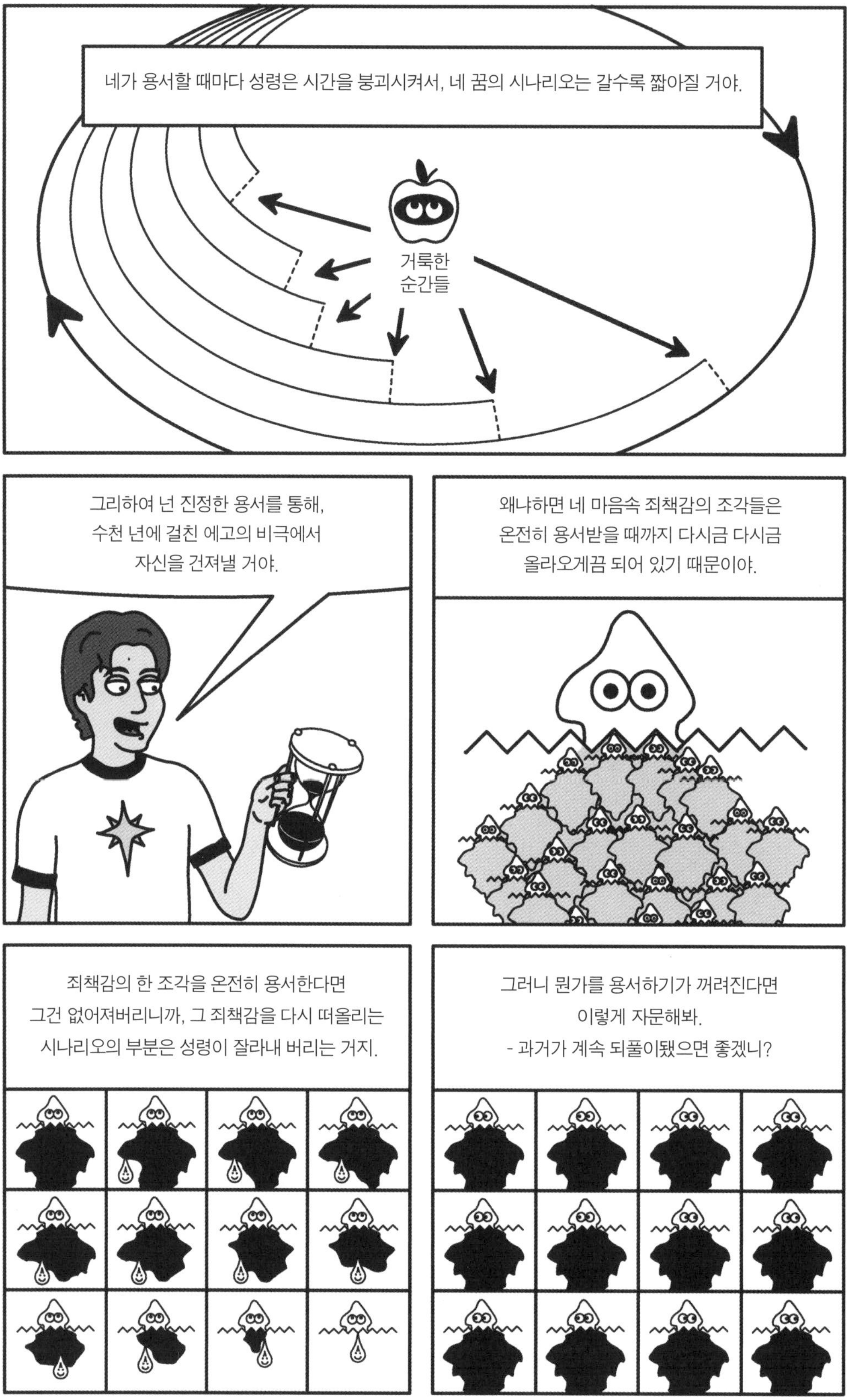
네가 용서할 때마다 성령은 시간을 붕괴시켜서, 네 꿈의 시나리오는 갈수록 짧아질 거야.
거룩한 순간들
그리하여 넌 진정한 용서를 통해, 수천 년에 걸친 에고의 비극에서 자신을 건져낼 거야.
왜냐하면 네 마음속 죄책감의 조각들은 온전히 용서받을 때까지 다시금 다시금 올라오게끔 되어 있기 때문이야.
죄책감의 한 조각을 온전히 용서한다면 그건 없어져버리니까, 그 죄책감을 다시 떠올리는 시나리오의 부분은 성령이 잘라내 버리는 거지.
그러니 뭔가를 용서하기가 꺼려진다면 이렇게 자문해봐.
- 과거가 계속 되풀이됐으면 좋겠니?

chapter 6/9

불멸의 존재

그들의 마음은 뇌 속에 갇혀 있어서 몸이 다치면 마음의 능력도 떨어지는 것처럼 보여.[1]
그들은 사랑하는 것처럼 보이지만 버리고 떠나고, 또 버림받지.[1]
그들은 자신이 아끼는 것을 잃는 것처럼 보여. 이거야말로 가장 얼빠진 믿음이지만.[1]
그들의 몸은 쇠약해져서 쓰러져 헐떡거리고, 더 이상 존재하지 않게 돼.[1]
만일 이게 실재세계라면 신은 잔인해. 사랑한다는 어떤 아버지가 자식들에게 구원의 대가로 이런 일을 치르게 하겠어?[2]
THE UNREAL WORLD
짝퉁세계
여기서 나가게 해줘요!
CBGB
FUG
ALEX
실제인물 알렉스 - 리얼리티쇼 리얼월드 시즌 1
사랑은 구원해준다면서 누굴 죽이지 않아. 만약 그렇다면 공격이 곧 구원이 되겠지. 그건 에고의 해석이지 신의 해석이 아니야. 죄책감의 세계에만 그게 필요해. 죄책감만이 그걸 상상할 수 있으니까.[2]
사랑을
위해
죽지
말라
이 우주는 죄의식의 꿈이야. 그래서 우리가 꿈속을 헤매게 만들려는 에고의 목적에는 몸이 실재한다는 믿음이 필수적이지.
에고는 마음의 지상권을 부인하고 물질에 마법적인 성질을 부여함으로써 물질이 마음을 만들어낸다고 믿게 해서 우리를 마음과 몸 사이에서 헤매게끔 만들려고 하지.
후각 중추
손놀림 중추
말하기 중추
듣기 중추
사고 중추
자기제어 중추
감정 중추
언어 중추
특별한 사랑 중추
성 중추
심상 중추
중추 인식 중추
살인 중추
광신 중추

어떤 이들은 몸과 마음과 영의
균형을 강조하지만, 그건 이곳에서
계속 헤매고 싶을 때만 유용한 목표야
그건 '에고의 개선'과 같은 말이야.
물론 꿈속에선 표피적인 에고의 개선도 쓸모는 있어.
하지만 그건 외견상 네가 이미 있는 곳 외에는
달리 데려다주질 못해.
말하자면, 타이타닉호 갑판의
의자를 정리하는 건 헛수고란 거지.
정말로 해야 할 일은, 네 마음을 사용하여
몸 대신 성령을 택하는 것이야.
몸은 에고의 집이어서,
몸 대신 성령을 택하면 에고가 지워져.
어어어-
내가 녹고 있어.
이런 세상에,
세상에 이런 일이!
나비족 역: 알렉스 (영화 '아바타')
아무도 진정으로 몸속에
있은 적이 없고, 있지도 않을 거야.
하지만 이 꿈속에서 우린 지금껏 '외견상'
여러 종류의 다른 몸들을 가졌었어.
개의 마음이 개의 몸에
달라붙는 것처럼 인간의 마음은
인간의 몸에 달라붙는 경향이 있어.
하지만 그럼에도 크게 보면 그건 모두가
동일한 하나의 마음일 뿐이야.

그러니 지금 네가 가진 몸이 특별하다고 생각한다면 그건 착각이야. 사실 사람들은 생을 바꿔가면서 자신이 싫어하는 것이 되는 경향이 있어. 그래서 에고의 가해자-희생자 시나리오가 역할을 뒤바꿔가면서 반복되지. 그러니 네가 싫어하는 그걸 조심하라구. 그것이 되어버리는 수가 있으니까.
난 지구인을 혐오해
난 백인이 싫어
난 게이가 싫어
난 여잔 질색이야
난 남자가 별로야
난 무슬림이 싫어
기독교인들이 미워
무신론자가 싫어
신비주의자는 싫어. 어떻게 윤회를 믿을 수가 있담?
싫어하는 자들이 싫어
이젠 뭐든 용서할거야!
윤회 끝.
결론적으로, 에고는 우리가 마음 대신 몸을 믿도록 강요함으로써 몸을 통해 우리를 죄책감 속에 가둬놓고 죽음을 믿게 하지.
죽음을 연습하는 것을 '병'이라고 해. 병이란 자신의 몸에다 스스로 투사한 죄책감이야.
용서 병동
병원
사망훈련소
남에게 투사하는 것으로는 죄책감의 뿌리가 뽑히지 않아. 왜냐하면 에고의 거짓 주장과는 반대로, 생각은 그 근원을 벗어나지 못하거든.3
그래서 불가피하게 사람들은 죄책감을 어떤 식으로든 자신에게 투사해. 그리고 그 자기투사한 죄책감이 돈, 대인관계, 건강, 법적 문제 등 온갖 형태의 문제로 나타나는 거야.
주식 매매
HOME
TRADE
MY ACCOUNT
QUOTES & RESEARCH
KNOWLEDGE CENTER
REVIEW ORDER
하나님은 절 벌하시지 않아도 돼요. 제가 알아서 할 테니까요. 보세요, 제가 산 주식이 돈을 잃게 해줄 거예요.

에고는 형태를 불문하고 무엇이든, 심지어는 자기투사된 죄책감까지도, 죄책감을 남에게 투사하는 데에 이용하지.
주식 매매
게임은 정해져 있어. 월가의 범죄자들이 어떻게든 내 돈을 훔쳐가게 돼있어.
예컨대 아픈 사람은 곧 바이러스, 유전, 기생충, 불운, 부주의 등의 외부요인에 탓을 돌리는 희생자 게임을 벌일 기회를 잡은 거야.
아픈 딸은 데리고 오지 말라고 했는데, 등신 같은 기집애!
병의 탓만 외부로 돌리는 게 아니라 치유의 원인도 마찬가지야. 그걸 위해서 의사와 약이 존재하는 거지.
하지만 사실 병은 마음의 문제이고 치유도 마찬가지야. 병은 죄책감의 한 증상, 그리고 치유는 용서의 한 증상일 뿐이지.
몸은 그릇된 사고에 '반응'함으로써만 그릇 작용할 수 있어. 몸은 '창조'할 수가 없어. 몸이 창조할 수 있다고 믿는 것은 근본적인 오류고, 거기서부터 모든 신체증상이 일어나.[4]
그 오류는 두 가지 형태를 취할 수 있어. 마음이 몸속에 그릇 창조할 수 있다고 믿을 수도 있고, 몸이 마음속에 그릇 창조할 수 있다고 믿을 수도 있지.[4]

유일한 창조의 차원인 마음은
자신 밖에서 창조할 수가 없다는 점을 알면
어떤 혼동도 일어날 수가 없어.[4]
병은 궁극적으로 그릇된 사고에 대한
반응이긴 하지만, 모든 병은 이미 쓰여진
시나리오의 일부일 뿐이야.
그러니까 병이 나더라도
절대 그 때문에 죄책감을 느끼진 말아.
애초부터 바로 그 죄책감이 문제였으니까.
병이 문제가 되는 것은 거기에 수반되는
고통 때문이야. 고통이 없으면 문제도 없어.
그리고 죄책감이 없으면 고통도 없어.
병이 났는데
아프질 않아!
아무것도 아니네?
그러니 병에
시달리지 않으려면
죄책감을
모두 없애야 해.
용서를 해야
한단 말이야.
용서란
자신의 외견상의
병만 용서하는 게 아니라
다른 사람들의
외견상의 병도
용서하는 것이야.
그리고
그건 남들, 그리고
나 자신의
선천적인 순결성을
깨닫는 거야.

이슈아가 사람들을 치유할 수 있었던 것도 그거야. 그 자신의 죄책감 없는 마음은 남들의 순결함도 볼 수 있어서, 그는 아무도 실제로 아픈 것으로 보질 않았어. 그리고 모든 마음은 하나이므로 그가 순결성을 인식하자 그것이 환자들에게도 전염돼서 그들도 죄책감 대신 순결을 택할 수 있게 됐던 거야.
네 죄는 존재할 수 없으니, 용서되었다. 너는 온전하고 순결한 영이다.
사실 제정신인 마음은 누구를, 혹은 무엇을 공격한다는 건 상상도 못하기 때문에 병을 상상할 수가 없어.[5]
나의 불행은 누군가의 죄를 증언해주기 때문에 우리는 모두가 기꺼이 불행해지려고 한다는 사실을 알아야 해.
그렇지만 병이 마음의 문제라고 해서, 즉 진짜 의사는 마음이라고 해서 병이 나도 병원에 가지 말라는 뜻은 아니야.
예컨대 손가락이 잘렸다면 꿰매야만 해.
그게 이 우주의 이치야. 손가락을 꿰맨다는 건 신과의 외견상 분리를 치유하는 것의 한 상징이야. 용서의 마음으로 손가락을 꿰매면 틀림없이 나을 수 있을 거야.

병이 다양한 형태를 취하듯이, 불용不容도 마찬가지야. 하나의 형태가 또 다른 형태를 낳을 뿐이야. 모두가 똑같은 환영이니까.[6]
저는 목소리를 잃었습니다.
어떤 질병이 취한 형태를 잘 들여다보면 그것이 암시하는 불용의 형태가 분명히 드러나.
이 병은 무슨 목적으로 났을까?
하지만 그걸 아는 것으로 병이 낫지는 않아.[6]
치유는 오직 하나의 깨달음에 의해서만 일어날 수 있어. - 용서를 통해서만 불용이 치유되고, 불용만이 어떤 종류든 병을 일으킬 수 있다는 것 말이야.[6]
그러니 궁극적으로, 물리적인 처방은 모두가 플라시보일 뿐이야. 그래서 효과가 나는 거라구. 물질주의의 대마왕인 과학조차도 플라시보 효과는 부인하지 못해.
플라시보 효과는 마음이 아닌 어떤 것이 원인이 될 수 있다는 에고의 신념체계 안에서도 용서를 매력 있는 것으로 만들어주는 마술이야.
플라시보
새로운 복용법을 읽으세요
최고의 효능
PLACEBO
용서와 함께 복용하면 가장 효과가 좋습니다
졸음 없는
소원 성취제
당신의 소망에 형체를 부여합니다!
20개입

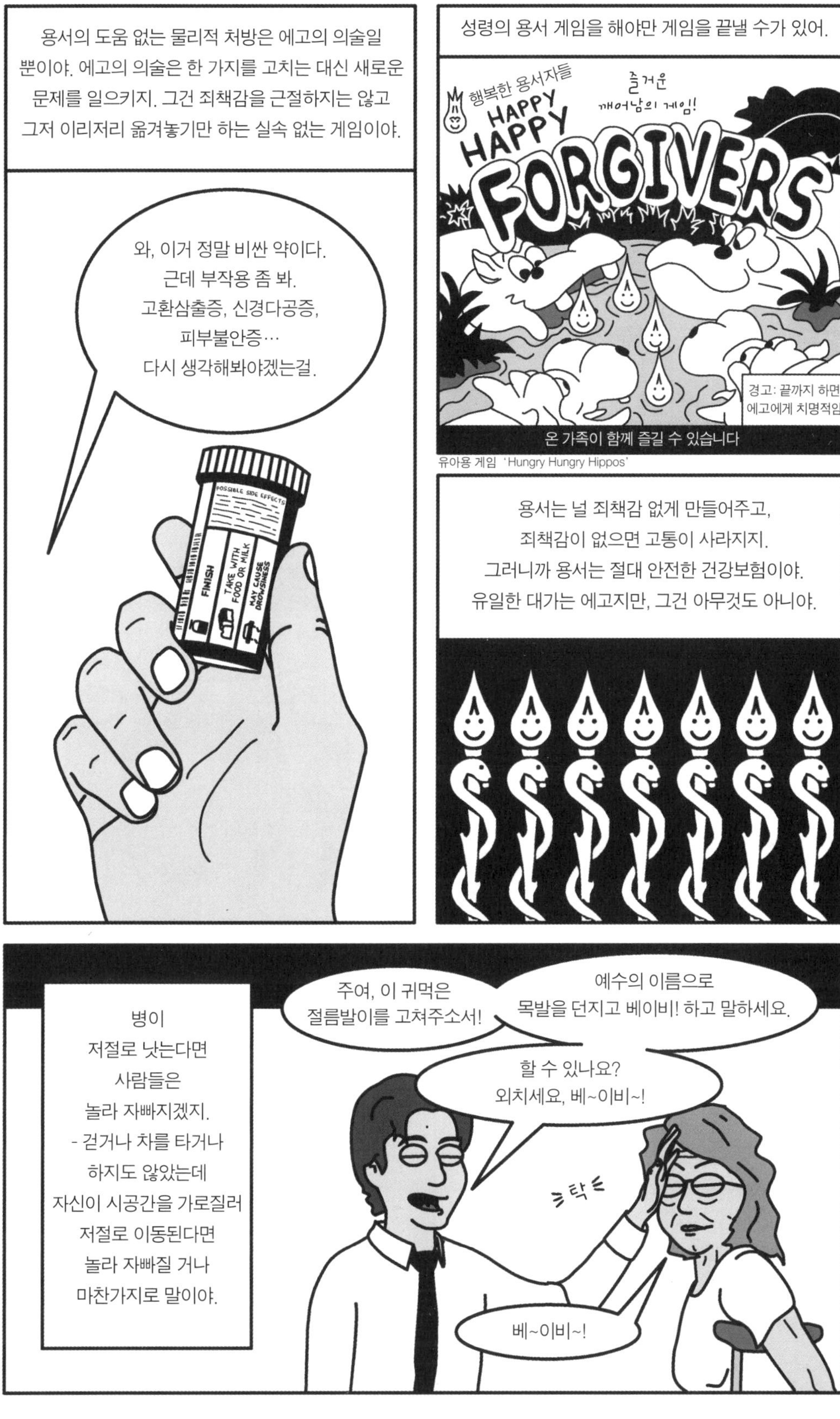
용서의 도움 없는 물리적 처방은 에고의 의술일 뿐이야. 에고의 의술은 한 가지를 고치는 대신 새로운 문제를 일으키지. 그건 죄책감을 근절하지는 않고 그저 이리저리 옮겨놓기만 하는 실속 없는 게임이야.
와, 이거 정말 비싼 약이다. 근데 부작용 좀 봐. 고환삼출증, 신경다공증, 피부불안증… 다시 생각해봐야겠는걸.
POSSIBLE SIDE EFFECTS
FINISH
TAKE WITH FOOD OR MILK
MAY CAUSE DROWSINESS
성령의 용서 게임을 해야만 게임을 끝낼 수가 있어.
행복한 용서자들
HAPPY HAPPY FORGIVERS
즐거운 깨어남의 게임!
경고: 끝까지 하면 에고에게 치명적임
온 가족이 함께 즐길 수 있습니다
유아용 게임 'Hungry Hungry Hippos'
용서는 널 죄책감 없게 만들어주고, 죄책감이 없으면 고통이 사라지지. 그러니까 용서는 절대 안전한 건강보험이야. 유일한 대가는 에고지만, 그건 아무것도 아니야.
병이 저절로 낫는다면 사람들은 놀라 자빠지겠지. - 걷거나 차를 타거나 하지도 않았는데 자신이 시공간을 가로질러 저절로 이동된다면 놀라 자빠질 거나 마찬가지로 말이야.
주여, 이 귀먹은 절름발이를 고쳐주소서!
예수의 이름으로 목발을 던지고 베이비! 하고 말하세요.
할 수 있나요? 외치세요, 베~이비~!
탁
베~이비~!

대부분의 사람들에겐 그런 일이 일어나기엔 에고의 지배력이 너무나 강해. 그건 에고의 사고체계를 너무나 급격히 뒤엎어놓아서 즉각 신에 대한 두려움이 솟아나오게 만들 거야.
주: 병이 에고를 들여다보는 도구로 사용되고 있다면 재빨리 멀쩡해지는 것이 에고를 돕는 일일 수 있음.
성령이 상징적인 형체를 띠고 나타나서 이 우주가 말짱 꿈이라고 온 세상에 공표하지 않는 이유도 이 때문이야.
알립니다. 이쪽을 쳐다보고 잘 들으세요. 이 우주는 꿈이랍니다.
대부분의 사람들이 마음속에서 에고의 목소리와 어떤 식으로든 구별되는 '성령의 목소리'를 듣지 못하는 이유도 바로 이 때문이야.
어이
어이
구별할 수 있는 건 내용뿐이지.
저들에게 죄가 있다.
아무도 죄 없다.
주: 항상 에고가 먼저 말하고, 성령은 단지 에고의 말을 바로잡기 위해서 말한다.
성령은 사람들이 '받아들일 수 있는' 형체를 띠고 나타나야만 해.
노래: 비틀즈
그래서 성령은 미약해진 세속적인 모습으로만 나타나지. 그래야만 사람들이 받아들일 수 있으니까.
All you need is Love, 필요한 건 사랑 뿐이야.

네가 지금 읽고 있는 것은
진실을 날로 삼킬 각오가 된
사람들을 위해 성령이
사용하는 형태의 것이야.
TRUTH
TRUTH
TRUTH
이 책은 에고가 받아들일 수
있도록 평범한 형태를 취하고
있지만 속 내용은 그렇지 않아.
THE UNIVERSE IS A DREAM
이 책은 일종의
'기적 입문' 같은 거지.
기적
아이콘
기적은 마음의 것이야. 기적이란
마음을 결과가 아니라 원인의 차원으로
데려다놓는, '인식의 전환'이야.
기적은 용서의 연장延長이지.
원인
결과
기적을 행하고 싶다면
이 세상을 꿈으로 바라보고
성령과 함께 진정으로 용서하는 법을 배워.
단어나 모양에
대한 우리의 기억이
잘못된 철자나 모양을 바로잡을
수 있게 해주듯이, 성령은 천국에
대한 우리의 기억을 가지고 이
이원적 환영의 세계에 대한 인식을
바로잡아주지. 이 거룩한
'인식의 바로잡음'이 바로
'기적'이란 말의
진정한 의미야.
기적은 비행기 추락이나
심장마비에서 살아남는
그런 일이 아니야. -
- 물 위를
걷는 것도 아니고.
기적이란, 비행기 추락이나 심장마비나 물은
신이 창조한 것이 아니므로 진짜가 아님을
알아차리는 것이야. 회광반조回光返照를
실천하는 것이 바로 기적이지.
영사기

비행기 추락이나 심장마비에서 살아남는
등의 일은 아무것도 아니야. 어디서 살아남는다고 하더라도
다른 어딘가에서 죽을 건 뻔한 일, 시간문제일 뿐이지.
TV 드라마 '로스트'
몸은 죽는다는 사실을 직면하도록 해.
몸은 다양한 나이에, 다양한 방식으로 죽지.
영적인 형태의 죽음 같은 건 없어.
잔인한 세상아 안녕
가정용 안락사 세트
자기에게만 사용하시오
자동주사기와
일인용 시신봉투
간편한 사용법
1 장의사를 예약한다
2 시신봉투에 들어간다
3 자동주사기를 허벅지에
누른 채 빨간 단추를 누른다
경고: 이 용구는 무의식 속의 죄책감을
치유하거나 윤회를 멈춰주지는 않음.
하지만 몸으로 있는
시간을 용서하는 데에
사용한다면
넌 결국 깨어날 거야.
그러면 언제 어떻게
죽든 간에 그건
아무 것도 희생하지 않는
평화롭고 고통 없는
과정이 될 거야.
여기
아무 것도
누워있지
않다
더 이상 몸을 입고
죄와 사망이라는
얼빠진 게임을
하지 않게 될 거야.
삶이란 에고를 스승 삼아 계속 잠들어 있기를 학습하거나,
아니면 성령을 스승으로 모셔
잠에 빠져 있게 만드는 것으로부터 탈학습하는 교실이야.
죄책감이냐 순진무구냐
주: 자살은 학교를 그만두려는 것과 같다.
하지만 결국은 전학해서 같은 과목을
배워야만 하게 될 테니, 그건 통하지 않는다.

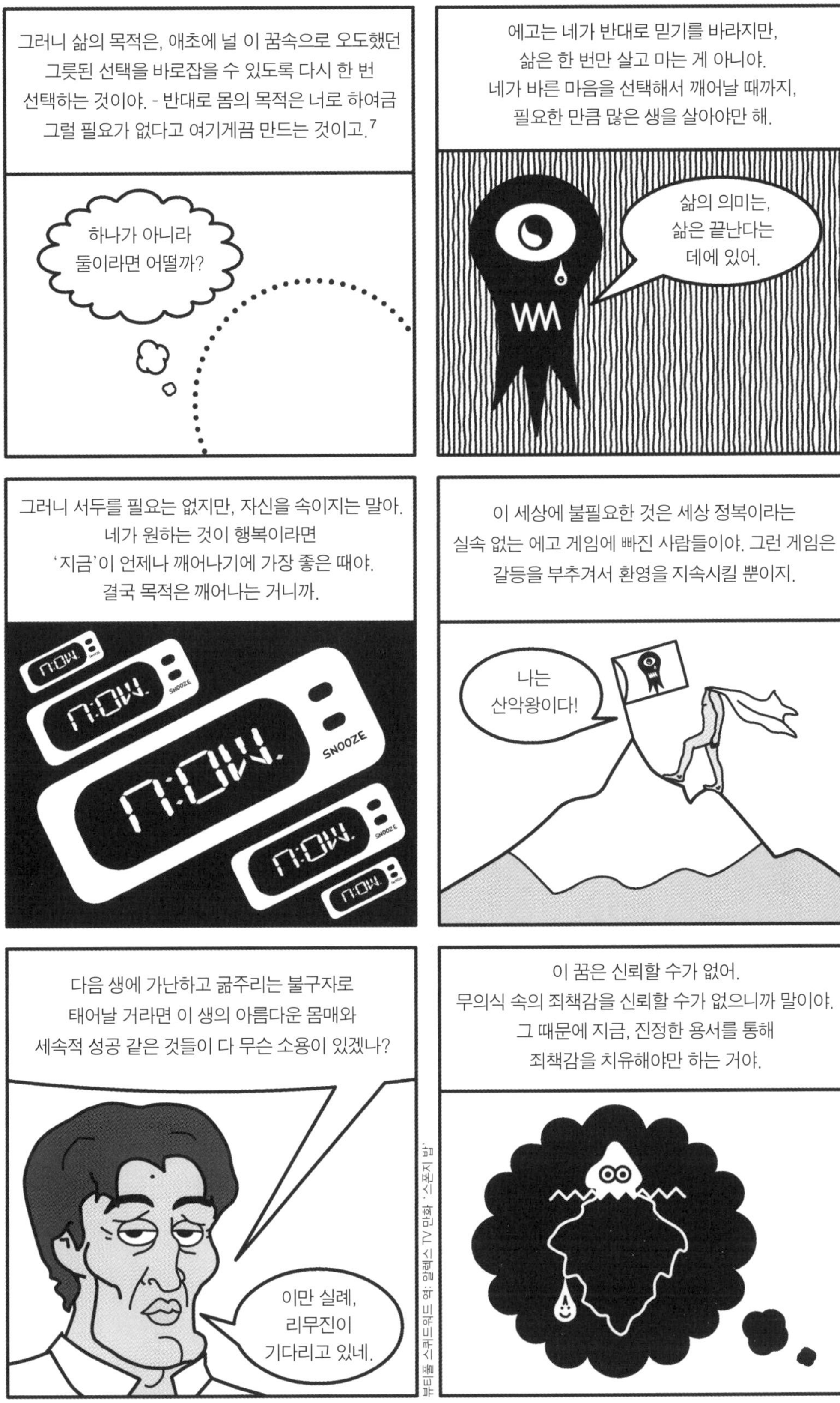
그러니 삶의 목적은, 애초에 널 이 꿈속으로 오도했던 그릇된 선택을 바로잡을 수 있도록 다시 한 번 선택하는 것이야. - 반대로 몸의 목적은 너로 하여금 그럴 필요가 없다고 여기게끔 만드는 것이고.[7]
하나가 아니라 둘이라면 어떨까?
에고는 네가 반대로 믿기를 바라지만, 삶은 한 번만 살고 마는 게 아니야. 네가 바른 마음을 선택해서 깨어날 때까지, 필요한 만큼 많은 생을 살아야만 해.
삶의 의미는, 삶은 끝난다는 데에 있어.
WM
그러니 서두를 필요는 없지만, 자신을 속이지는 말아. 네가 원하는 것이 행복이라면 '지금'이 언제나 깨어나기에 가장 좋은 때야. 결국 목적은 깨어나는 거니까.
N:OW.
SNOOZE
이 세상에 불필요한 것은 세상 정복이라는 실속 없는 에고 게임에 빠진 사람들이야. 그런 게임은 갈등을 부추겨서 환영을 지속시킬 뿐이지.
나는 산악왕이다!
다음 생에 가난하고 굶주리는 불구자로 태어날 거라면 이 생의 아름다운 몸매와 세속적 성공 같은 것들이 다 무슨 소용이 있겠나?
이만 실례, 리무진이 기다리고 있네.
뷰티풀 스퀴드워드 역: 앨렉스 TV 만화 '스폰지 밥'
이 꿈은 신뢰할 수가 없어. 무의식 속의 죄책감을 신뢰할 수가 없으니까 말이야. 그 때문에 지금, 진정한 용서를 통해 죄책감을 치유해야만 하는 거야.

용서는 깨어남을 추구하므로
그건 곧 진정한 행복의 추구야.
그건 신의 추구요, 진정한 사랑의 추구지.
반대로 신이 아닌 그 어떤 것의 추구도
모두가 가짜 행복의 추구야.
숨 한번 들이쉬는 행위조차도 가짜행복의 추구야.
숨이 모자라면 고통스럽고,
결국은 몸이 죽게 되니까 숨을 쉬는 거지.
숨을 쉬지 못하면 고통을 겪다가 죽게 돼.
그러니 숨을 쉴 수 있다면
숨을 못 쉬는 것에 비해서 행복한 것일 뿐.
이게 에고의
모든 '행복'의
기본 역학이야. -
- 에고의 행복은 신과의 외견상 분리에서 비롯된,
죄책감에 젖은 끝없는 부족감을
'경감시켜주겠다는' 약속에 근거해 있어. -
우리는
우리의
채우기
공허감을
위해
소비한다
'고쳐주지는' 않고
말이야.

그 끝없는 부족감은
'허기'로 나타나.
허기는 죽음, 곧 잊혀짐에 대한
두려움에서 비롯되지.
허기는 에고의 자기확인 욕구를 상징하는 '획득' 메커니즘이야.
소위 자격이나 인정 같은 '높은 에고의 욕구'나
몸의 허기나 다 거기서 거기지.[8]
노벨
올해의 스승 상
알렉스 마르샹 최우수 사운드트랙 상 '우주는 꿈이다'
1위 상 파인우드 더비
몸의 허기는 원래 생리적인 것이 아니야.
에고는 몸을 제 집으로 여겨서,
몸을 통해 자신을 만족시키려 하지.[8]
만족을 찾으려면
외부세계를 계속 주시해.
안은 보지 마.
하지만 그런 일이 가능하다는 생각은
실제로 가능한 게 뭔지를 완전히 헷갈려버린
마음에게서 나온 것이었어.
'모든 것'을
지불하고
약간의 '아무것도
아닌 것'을 얻으면
만족을
얻을 수 있어.
허기의 대표적인 예는 섹스야.
섹스란 일체의 천상의 창조적 결합을 몸의
결합으로써 흉내 내려고 애쓰게 만드는 허기야.
오직 마음만이 결합되고, 마음만이 진정으로
창조할 수 있어. 몸은 분리관념이어서 진정한
결합이나 창조를 할 수가 없어. 두 몸이 만나서
더 많은 분리된 몸들을 만들어낼 수는 있지만.

빅토르 브라우너 작 'Frica as Fear'에서 따온 이미지

뮤직비디오 'Baby Got Back'

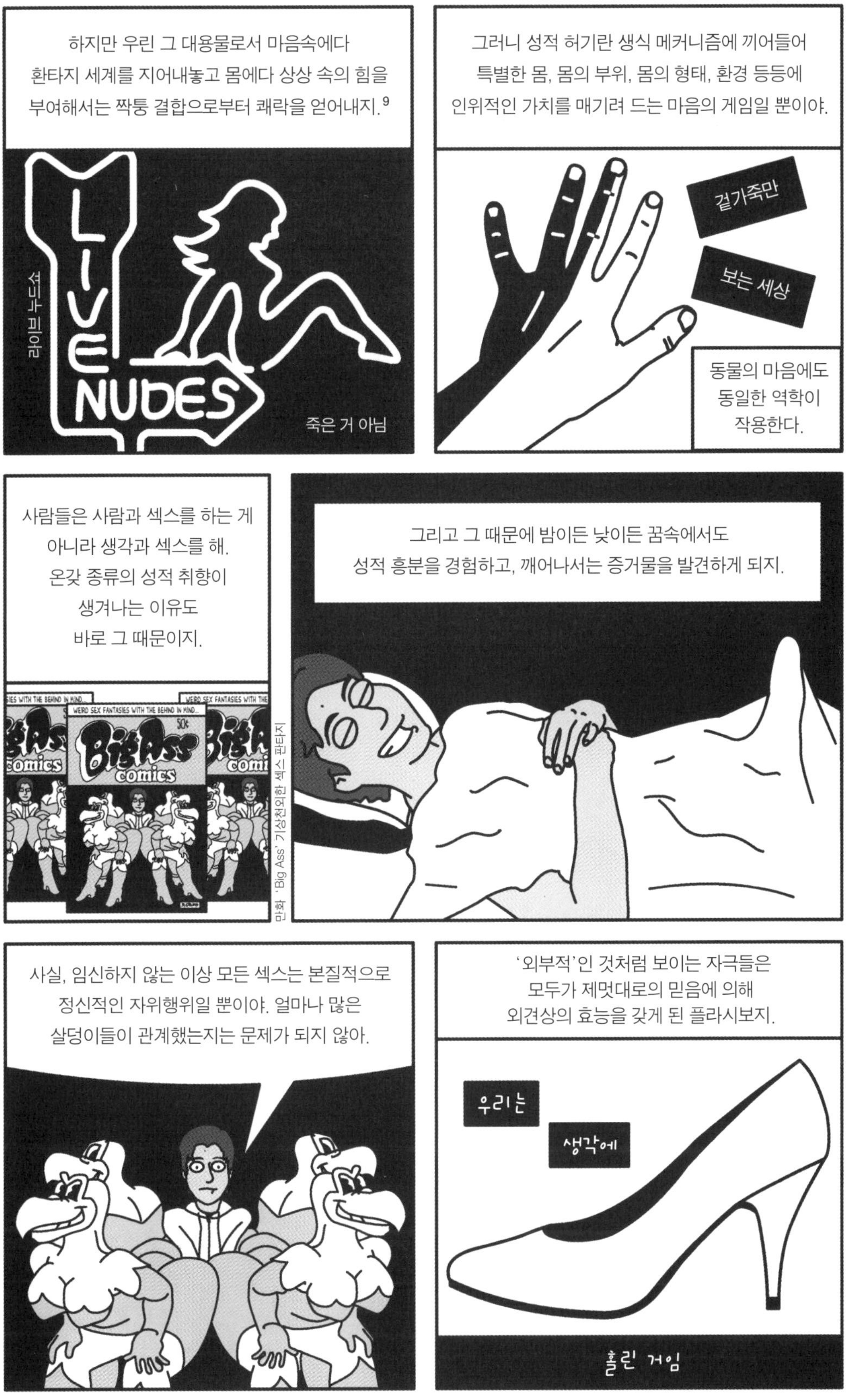
하지만 우린 그 대용물로서 마음속에다 환타지 세계를 지어내놓고 몸에다 상상 속의 힘을 부여해서는 짝퉁 결합으로부터 쾌락을 얻어내지.[9]
LIVE NUDES
라이브 누드쇼
죽은 거 아님
그러니 성적 허기란 생식 메커니즘에 끼어들어 특별한 몸, 몸의 부위, 몸의 형태, 환경 등등에 인위적인 가치를 매기려 드는 마음의 게임일 뿐이야.
겉가죽만
보는 세상
동물의 마음에도 동일한 역학이 작용한다.
사람들은 사람과 섹스를 하는 게 아니라 생각과 섹스를 해. 온갖 종류의 성적 취향이 생겨나는 이유도 바로 그 때문이지.
WEIRD SEX FANTASIES WITH THE BEHIND IN MIND...
Big Ass comics
50¢
만화 'Big Ass' 기상천외한 섹스 판타지
그리고 그 때문에 밤이든 낮이든 꿈속에서도 성적 흥분을 경험하고, 깨어나서는 증거물을 발견하게 되지.
사실, 임신하지 않는 이상 모든 섹스는 본질적으로 정신적인 자위행위일 뿐이야. 얼마나 많은 살덩이들이 관계했는지는 문제가 되지 않아.
'외부적'인 것처럼 보이는 자극들은 모두가 제멋대로의 믿음에 의해 외견상의 효능을 갖게 된 플라시보지.
우리는
생각에
홀린 거임

진정한 사랑을 하려면 진정한 용서를 해야 해. 진정한 용서야말로 이 꿈에 합류하는 '올바른' 방식이지.
용서의 전화
자기야, 진정한 용서를 했더니 자기의 몸뚱이가 별로 그립지 않아졌어.
진정한 용서의 부족은 곧 진정한 결합의 부족이어서 긴장을 누적시켜. 그리고 그 긴장이 성적 충동과 같은 허기로 나타나는 거지.
결합하려는 욕구
이원적 신념
그러니까 용서를 통해 결합하고자 하는 욕구의 왜곡된 변형판이 성적 허기야. 그건 죄책감을 제거하는 게 아니라 지속시키지.
그리고 죄책감은 언제나 섹스를 특별한 관계라는 세속적 영역에다 묶어놓지.
헤이, 너 잠시 나의 짝퉁 신이 되어줄래?
글쎄, 난 까무잡잡한 짝퉁 신을 좋아하는 문화에 젖어 있어서…
몸은 원래 마음속의 죄책감을 피해 숨을 곳으로 만들어졌기 때문에 -
- 죄책감은 사람들로 하여금 자신과 남들을 몸뚱이로 여기게 만들지.
바로 이런 '몸과의 동일시'가 '유혹'이란 말의 진정한 뜻이야.
유혹이라는 에고의 게임은 인간으로 하여금 몸을 통해 끝없이 찾아다니게 하지만 불만족의 무서운 쳇바퀴 속에 영원히 갇힌 채 결코 찾지 못하게끔 짜여 있지.
SEEK AND DO NOT FIND
SEEK AND DO NOT FIND
SEEK AND DO NOT FIND
SEEK AND DO NOT FIND
구하라 찾지 못하리라

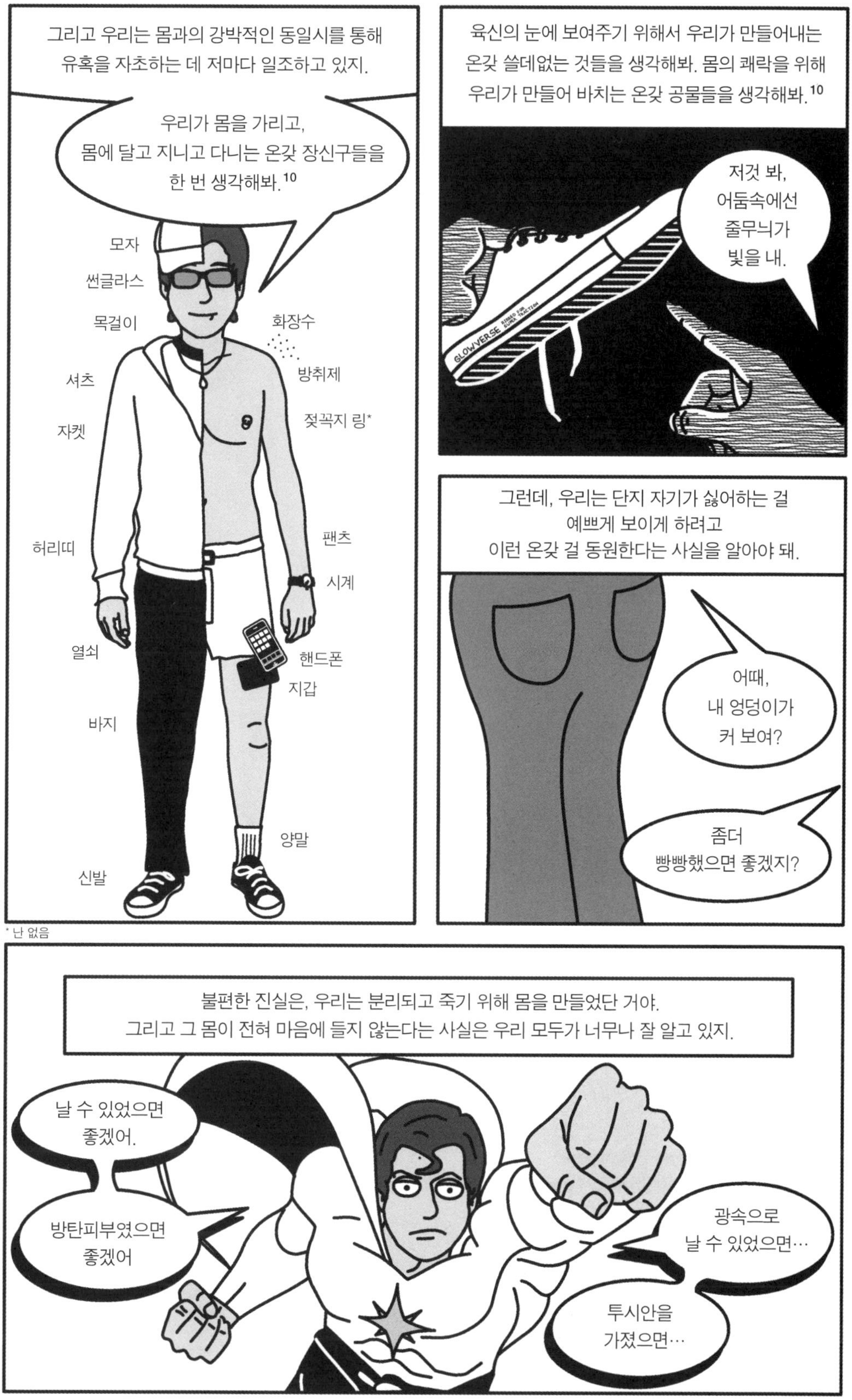
그리고 우리는 몸과의 강박적인 동일시를 통해
유혹을 자초하는 데 저마다 일조하고 있지.
우리가 몸을 가리고,
몸에 달고 지니고 다니는 온갖 장신구들을
한 번 생각해봐.[10]
모자
썬글라스
목걸이
화장수
셔츠
방취제
자켓
젖꼭지 링*
허리띠
팬츠
시계
열쇠
핸드폰
지갑
바지
양말
신발
육신의 눈에 보여주기 위해서 우리가 만들어내는
온갖 쓸데없는 것들을 생각해봐. 몸의 쾌락을 위해
우리가 만들어 바치는 온갖 공물들을 생각해봐.[10]
저것 봐,
어둠속에선
줄무늬가
빛을 내.
GLOWVERSE
그런데, 우리는 단지 자기가 싫어하는 걸
예쁘게 보이게 하려고
이런 온갖 걸 동원한다는 사실을 알아야 돼.
어때,
내 엉덩이가
커 보여?
좀더
빵빵했으면 좋겠지?
불편한 진실은, 우리는 분리되고 죽기 위해 몸을 만들었단 거야.
그리고 그 몸이 전혀 마음에 들지 않는다는 사실은 우리 모두가 너무나 잘 알고 있지.
날 수 있었으면
좋겠어.
방탄피부였으면
좋겠어
광속으로
날 수 있었으면…
투시안을
가졌으면…

* 난 없음

그럼에도 우리는 이 마뜩잖은 몸뚱아리를 가지고
서로를 유혹해서 육신의 눈을 붙들어두려고 하지.[10]
자기, 내가 보낸 사진 어때?
사실 이때 우리는 그게 뭔지도 모르는 채 서로에게 가시면류관을 선물하고 있는 거야. 그리고 상대방의 호응에 기대어 몸의 가치에 대한 자신의 해석을 합리화하려고 해.[10]
하지만 그래봤자 그 선물은 상대방이 내게 무가치한 존재란 사실을 폭로할 뿐이지. 좋아라 하는 상대방의 반응은 그가 스스로에게 부여하는 가치의 결핍을 노출시키고.[10]
진정으로 주고받는 선물은 몸을 통해 만들어지지 않아. 몸은 주지도 받지도, 내밀지도 가져가지도 못하기 때문이야. 오로지 마음만이 가치를 매길 수 있고, 마음만이 무엇에 대해 선물을 주고받을 것인지를 결정하지.[11]
우와! 생애 최고의 생일이야!
Happy Birthday
영화 '크리스마스 스토리'
마음이 '주는' 선물은 마음이 '받고 싶은' 게 뭔지에 달렸어. 마음은 자신이 택한 집을 용의주도하게 치장하여 자신이 원하는 선물을 받을 만반의 준비를 하지. 자신이 택한 집으로 오는 이들, 그러니까 자신에게로 유혹할 이들에게 선물을 보여줌으로써 말이야.[10]
진실이냐 환영이냐?
그리하여 그들은 그들의 마음이 가치 있다고 '판단한' 것들을 주고받으며 선물교환을 하지.[10]
깨지기 쉬움

단순히 몸을 선물한다면 넌 가시면류관을 내밀며
얼빠진 희생자 게임을 하고 있는 거야.[10]
나의 특별한 사랑에게
그 대신 진정한 용서를 선물한다면
너희는 성령과 하나가 되어서 자유를 얻게 되지.[10]
나의 거룩한 사랑에게
진정한 용서를 선물한다는 건 곧 마음의 차원에서
모든 이와 진정한 사랑을 나누는 거야.
그것은 곧 죄책감을 지우는 일이고, 천상의 일체상태의
변함없는 창조적 황홀경을 되찾는 일이야.
그러니 진정한 용서야말로 진정한 섹스지.
구스타프 클림트 작 〈키스〉에서 따온 이미지
천국을 맛본 이들이 너무나 자연스럽게
독신생활을 하는 것도 놀라울 게 없어.
진정한 독신생활은 마음 차원의 일이지.
그리고 천국을 맛보고 나면 모든 게 새롭게 보여.
하지만 우리는 자기가 있다고 생각하는 곳에서부터
출발해야 해. 우린 우리가 진짜라고 여기는 것은
버리려 하지도 않지만, 버릴 수도 없어.
우리가 믿는 것은 모두가 우리에겐 진짜거든.
난 다른 몸뚱이와
함께 있지 않으면
혼자라고 믿어.

부시의 이라크전 '임무완수' 발표성명 패러디

프레디 아인스포드 역: 알렉스 (뮤지컬 '마이 페어 레이디')

자신을 영과 동일시해갈수록 너의 만족과 행복은 환영인 몸의 우주와는 점점 무관해지게 돼.
넌 모든 중독의 왕초인 심판, 곧 불용이라는 중독을 극복하게 될 거야.
그러면 이 꿈이 제공해주는 듯 보이는 자잘한 일들도 훨씬 더 즐거워질 거야. 죄책감이 줄어들면 자잘한 기쁨들도 훨씬 커지게 되니까.
모든 곳에서 순결을 보기 시작하고, 에고의 악몽은 사라지고 천국의 상징인 행복한 꿈이 펼쳐지지.
하지만 지금 네가 있는 것처럼 보이는 그곳에서부터 성령에 귀 기울이지 않고는 그 상태에 이를 수가 없어.
모든 일을 죄책감 없이 하는 법을 배우도록 성령이 도와줄 거야. 어떤 일을 죄책감 없이 할 수가 없다면, 넌 바로 그 죄책감 때문에 그 일을 하고 있는 거야. 에고의 장난이지.
프라고나르 작 '그네'

사람들이 하는 대부분의 행위는 다름 아니라
죄책감 때문에 하는 거야.
죄책감 없이 행위할 수 있다면
지금 하고 있는 많은 일들을 하지 않게 될 거야.
사실이지, 마음속의 죄책감이 언젠가는 죽어갈
하찮고 덧없는 몸의 짓거리로써 행복을 좇도록
부추기지 않는다면 그 누가 술에 취하거나
부를 쌓거나 심지어 숨을 쉴 필요조차 느끼겠어?
실제로 깨어나고 나면,
치유되어 죄책감 없어진 마음은 대개
몸속에 오래 붙어 있질 않아.
친구들,
자신을 용서해.
난 집에 갈 거야.
거기엔 이유가 있어. 치유되어서 죄책감 없는 마음은
이 몸의 꿈이 제공하는 그 어떤 것과도
비교할 수 없이 더 좋은 뭔가를 가지기 때문이지.
하지만 거기까지 이르려면 끈질긴 용서가 필요해.
이 꿈속에서의 네 모든 관계와 관심사와 문제를
다 용서 훈련의 기회로 활용해야만 해.
성령에게 몸은 하나의 '소통 도구'일 뿐이야.
우리가 몸이 아님을 깨우쳐주는 용서를 통해
마음들을 하나로 합치기 위해 사용하는 도구 말이야.

그러기 전까지는 몸의 나약한 욕구들을 다 막아내지는 못해.
하지만 결국은 그것들을 다 이겨내게 되지.
용서하고 일체로 돌아오라는 신의 사랑의 부름은 에고의 죄책감의 프리즘에 의해 왜곡된다.
죄책감의 프리즘
배고파 꼴린다 더워 피곤해
HUNGRY HUNGRY HUNGRY HUNG
LUSTFUL LUSTFUL LUST
HOT HOT HOT
TIRED TIRED TIRED
THIRSTY THIRSTY THI
POOR POOR POOR
RESTLESS RESTLESS RESTLES
IGNORED IGNORED IGNOR
COLD COLD COLD CO
목말라 돈 없어 불안해 기분 나빠 추워
몸의 나약한 욕구는 용서하여 하나가 되려는 열망을 육적이고 덧없는 충동으로 바꿔놓기 위한 에고의 기만술이다.
전부가 아니면 그 어떤 것도 널 진정으로 만족시켜줄 순 없을 거야.
하지만 물론 이 꿈을 경멸해선 안 돼. 네가 보는 죄책감이나 불쾌한 느낌은 저 바깥, 환영의 세계에 있는 게 아니라 네 맘속에 있는 거니까, 그저 용서하도록 해.
LCD
PHONY
용서의 눈으로, 있는 그대로 보면 이 세상은 아름다운 기적이 일어나고 있는 곳이야.
그러니까 너의 안내자인 성령에게로 마음을 돌려 그 기적이 일어나게 하라구.
이 그림을 밝은 곳에다 두고 중심부의 점을 20초 이상 주시한 후, 빈 벽을 바라보면서 눈을 계속 깜박여보라.

chapter 7/9

진정한 기도의 영지靈智

우리는 모두가
늘 기도상태에 있어.
하지만 진정한 기도의 상태에
이르려면 기도의 사다리를
올라가야 해.
기도의 가장
초보적인 형태는
부족감과 결핍감 때문에
'그저 원하는' 거야.[2]
원하는 데는 신께 호소하거나,
심지어는 신을 믿을 필요조차 없어.
그건 에고의 지배를 받는
분열된 마음이 본래부터 지니고 있는
기본적인 상태야.
그러니 가장 저급한
형태의 기도는 세상에 의지해서
원하는 것을 이루지.
죄책감
예컨대, 사람들은 돈을 원하는 자신의 기도에,
직장을 구해 하루 여덟 시간 일하는 것으로 응답해.
다음 정거장은
윌러비입니다
오늘도 죽었군.
공기를 원하는 자신의
기도에는 숨을 쉬는
것으로 응답하고,
달리 말해서, 가장
초보적인 형태의 기도는
도처에 있어 -

- 그건 가재와 세포와 원자들의 기도 형태야.
다음 형태의 기도는 신께 간구하는 소망이지. -
- 그게 전형적인 형태의 기도야. 하지만 그건 기도에 대한 이해가 없는 기도지.
전능하신 신이시여, 저의 소망을 들어주시옵소서.
이 꿈속의 무엇을 신께 빈다는 건 이 우주가 한갓 꿈임을 아는 사람에겐 난센스야. 신은 이 꿈과 아무런 상관이 없어. 왜냐하면 다행히도 신은 정신이 나가지 않았거든.
그러니까 뭔가를 얻으려고 기도해본 사람들이 모두 외견상 실패를 경험한 것도 놀랄 일이 아니지.[3]
젠장, 꿈에 본 숫자는 엉터리였어!
로또복권
6월 27일
3 8 16 22 40 50
그건 우리가 진정으로 원하고 필요로 하는 건 '물건'이 아니기 때문이야. 우리가 정말 원하는 건 신인데, 죄책감이 우리를 늘 그 대용물만 찾게끔 만들지.
온전한 일체 말고, 특별한 '아무것도 아닌 것'을 달라고 해.
그러니 이 꿈속에서 의미 있는 유일한 기도는 용서를 위한 기도야. 용서는 기도의 친구지.[4]
신이시여, 당신에 대한 무의식 속의 두려움을 거둬가 주소서.

용서는 우리가 기도 속에서 성령과 하나가 되어
우리의 투사를 지켜보는 일,
성령과 함께하는 작업이야.
성령이시여,
제가 투사한 세상에서
무의식 속의 두려움을
발견할 때, 그것을
용서할 수 있게 하소서.
하지만 성령과 진정으로 하나가 되려면 먼저
성령을 용서해야만 해. - 거기엔 성령에 해당하는
모든 상징, 특히 예수도 포함돼.
성령에겐 우리의 용서가
필요 없지만, 우리 자신을 위해선
우리의 용서가 필요하지.
성령에 대한 용서는, 성령이란 우리와 분리된
무엇이 아니라 우리가 에고인 척하기 시작했을 때 잊어버렸던
'진정한 나'임을 깨닫는 데서부터 시작해.
분열2
바른 마음과 그른 마음
너와 '다르게' 느껴지는 누군가를 사랑하는 건
불가능하다는 걸 명심해. 누군가가 너와 다르다면,
그 사람은 네게 없는 뭔가를 가진 거야.
네가
내 가슴속 가상의
허공을 메워줄 수 있는
잃어버린 조각이라는
믿음이 있는 한,
난 널 사랑해.
이게 바로 특별한 관계 배후의 역학이야. 그들은
다른 사람들이 훔쳐갔다고 무의식 속에서 믿고 있는
그걸 도로 훔쳐오려고 혈안이 되어 있지.

그러니까 깨어나려면
우린 성령과 특별한 관계가 아니라
거룩한 관계를 맺어야 해.
거룩한 관계는 영, 동등함, 일체성에
근거를 두고 있어. 세속의 특별한 관계는 몸, 차이,
불완전성에 근거를 두고 있고.
성령과의 관계가 거룩한 관계가 아니면 그건
특별한 관계일 거고, 그럼 넌 자신의 특별한 요구대로
일이 풀리지 않을 때 죄책감을 외부로 투사하는 데에
그 관계를 이용하게 마련이야.
신이시여,
왜 나를 버리셨나이까?
성령과 하나가 되는 법을 배우는 열쇠는
네가 진정으로 원하는 것을 되찾는 데에 있어.
진실을 환영에게
데려가지 말고,
환영을 진실에게로
데려가라.
네가 진정으로 원하면서도 두려워하는 것은,
신과 일체인 상태의 온전한 사랑이야.
- 사람들이 꿈속에서 헛되이 추구하는 에고의
초라한 짝퉁 신 말고 말이야.
GOOD
BAD
난 특별해지고 싶어.
난 환영이 좋아.
어떻게든 상관없어.
그냥 지금 당장.
영화 '윌리 웡카와 초콜릿 공장' 주제가 패러디
사람들이 돈을 벌게 해달라는 등의 기도를 하는
이유는 죄책감과 신에 대한 무의식적 두려움 때문이야.
그들은 돈만 있으면 자신만의 짝퉁 천국을
건설할 수 있다고 믿거든.
신이시여,
돈만 있으면
제 무의식 속의 죄책감은
몽땅 사라질 줄로
아옵니다.

리치 리치 역: 알렉스 (만화 꼬마부자 리치)

자니 카슨 연출 캐릭터 '귀인 카르낙'

타이타닉호

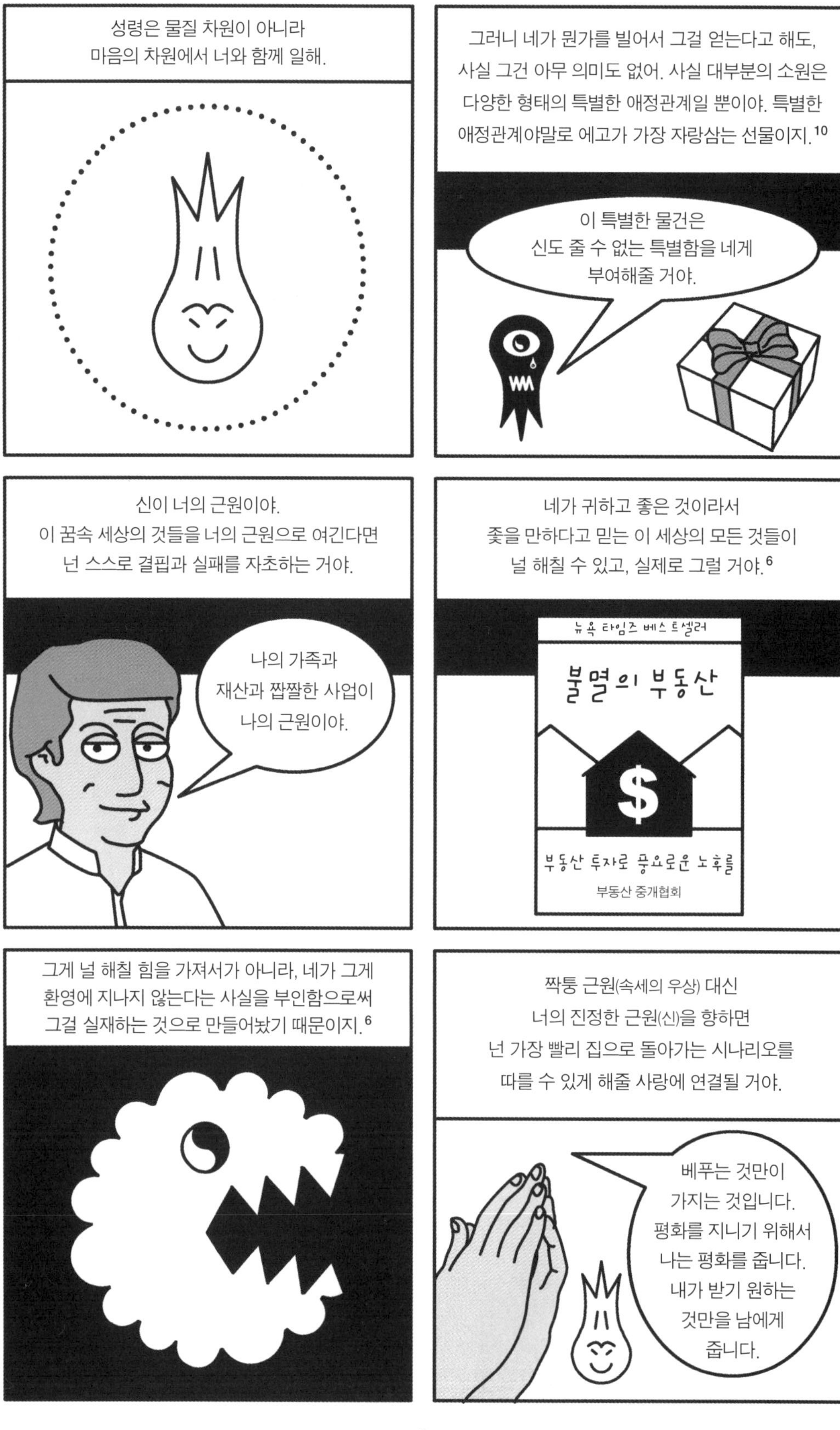
성령은 물질 차원이 아니라
마음의 차원에서 너와 함께 일해.
그러니 네가 뭔가를 빌어서 그걸 얻는다고 해도, 사실 그건 아무 의미도 없어. 사실 대부분의 소원은 다양한 형태의 특별한 애정관계일 뿐이야. 특별한 애정관계야말로 에고가 가장 자랑삼는 선물이지.[10]
이 특별한 물건은 신도 줄 수 없는 특별함을 네게 부여해줄 거야.
신이 너의 근원이야.
이 꿈속 세상의 것들을 너의 근원으로 여긴다면
넌 스스로 결핍과 실패를 자초하는 거야.
나의 가족과 재산과 짭짤한 사업이 나의 근원이야.
네가 귀하고 좋은 것이라서
좇을 만하다고 믿는 이 세상의 모든 것들이
널 해칠 수 있고, 실제로 그럴 거야.[6]
뉴욕 타임즈 베스트셀러
불멸의 부동산
$
부동산 투자로 풍요로운 노후를
부동산 중개협회
그게 널 해칠 힘을 가져서가 아니라, 네가 그게 환영에 지나지 않는다는 사실을 부인함으로써 그걸 실재하는 것으로 만들어놨기 때문이지.[6]
짝퉁 근원(속세의 우상) 대신
너의 진정한 근원(신)을 향하면
넌 가장 빨리 집으로 돌아가는 시나리오를
따를 수 있게 해줄 사랑에 연결될 거야.
베푸는 것만이 가지는 것입니다. 평화를 지니기 위해서 나는 평화를 줍니다. 내가 받기 원하는 것만을 남에게 줍니다.

가장 빨리 집으로 돌아가게 하는 시나리오는,
일이 대체로 잘 풀리고 용서 과제가 비교적 무난하고
물질적 요구는 충분히 만족되게 해서,
환영 대신 신을 추구함으로써 완성을 이룰 수 있게 해주지
개봉박두!
부드럽게 깨어나기
하늘나라를 먼저 찾으면
다른 모든 것은 절로 주어져서,
잠에서 깨어나 본향으로
돌아갈 수 있게 돼.
그러니까 진정한 기도의 비결은 네가 필요하다고
생각하는 것들에 대해선 잊어버리는 거야.
자질구레한 것들을 달라고 비는 것은 죄를 인정해놓고
그걸 용서하는 것과 다를 바가 없어.[7]
넌 실재해. 하지만
당분간은 벌하지 않겠어.
죄를 실재하게 만드는 것은 그릇된 용서이듯이,
자질구레한 소망들을
실재하게 만드는 것은 그릇된 기도야.
네가 원한다고 생각하는 자질구레한 것들은
네 무의식적 죄책감의 산물이어서, 크게 보면
그걸 받는 것이 너에게 좋기만 한 건 아니야.
신이시여,
저는 환영을 원하나이다.
- 과거가 반복되길
비나이다.
성령과 함께 용서를 행하면 넌 죄책감을
풀어놓게 될 거야. 바로 그 죄책감이 너로 하여금
이 꿈을 채우고 있는 죽음의
고약한 냄새를 몰아내기 위해 가짜 천국을 달라고
결핍감에 떨면서 빌게끔 만들지.

이 우주는 배설물이야. 식인종인 인간이 자신의 인식으로써 신을 먹고 내놓은 배설물 말이야. 그걸 멋지게 보이게 하느라고 시간낭비하지 마. 결과는 기껏해야 잠시 뿐, 결코 완전한 만족을 주진 못할 거야.
죄책감의 배설물
진정으로 기도하고자 한다면 성령을 네 모든 행위의 주인으로 모시는 일부터 해. 다시 말해서, 바른 마음을 모든 행위의 주인으로 모시는 거지.
너의 자리
바른 마음의 자리
깨어남의 자전거 여행
아침마다 잠시 마음을 멈추고 "성령이시여, 당신을 오늘 하는 내 모든 행위의 주인으로 모십니다" 하고 말하는 것도 좋아.
당신 같은 대장을 모시길 늘 원했었지요.
제 멘토가 돼주지 않으실래요?
로저스 역: 알렉스 (아동 드라마 '로저스 씨의 이웃' 주제가)
기꺼이 '모든' 결정을 성령과 함께 내린다면 넌 날마다 행복할 거야.[8] 사실은, 너 스스로는 어떤 결정도 내릴 수가 없어.[9]
넌 언제나, 에고와 함께 결정하지 않으면 성령과 함께 결정해. 자신이 어느 쪽과 함께 결정하고 있는지를 잘 모르겠다면 그저 이렇게 자문해봐. '지금 나의 느낌은 어떤가?'
성령이 주인일 때, 넌 심판을 멈춰. 심판은 에고의 게임이거든. 대신 넌 용서하지.
평화로움 대 죄책감

딱 하나 유효한 심판은 진실과 환영을 가리는 심판이야.
환영을 선악, 좋은 것과 나쁜 것으로
구분하려고 애쓰기 때문에 나날이 행복하지 않은 거야.
환영의 위계질서
민심재판소
비오는 날=나쁨
개인 날=좋음
손해=나쁨
이익=좋음
사랑의 갈구=나쁨
사랑의 표현=좋음
보통임=나쁨
특별함=좋음
성령을 주인으로 모신다는 건
신을 주인으로 다시 모시는 것이야.
그건 에고에 의존하는 데서부터 비롯되는
죄책감을 소멸시켜주지.
그리고 너의 나날을 성령의 손에
넘겨주기를 잊지 않으려면 날마다 몇 분씩
조용한 기도의 노래 속에서 눈을 감고 근원인 신과
하나가 되는 명상을 하는 것도 좋아.
신을 결점 없는 완전하고 충만한 빛으로 상상하고
그 순수하고 편안한 사랑의 빛을 쬐세요.
그러면서 이 꿈속에서 갖고 싶고 필요하다고
생각하는 모든 것들과, 죽든가 떠난 것처럼 보여서
잃어버렸다고 생각되는 특별한 애인들을
모두 떠올리세요.
$100,000,000
GOLD
그런 다음에 그 모든 것을
신의 빛 속에서 분해되게 하세요.
신이시여,
제가 바라는 모든 것은
나뉘지 않은 온전한 당신
안에 있나이다. '모든 것'만이
진정한 만족을 줄진대,
'아무것도 아닌 것'의
한 조각을 달라고
빌지 않겠나이다.

날마다 이렇게 정성껏 기도하면 시나리오 속에 길이 나타날 때마다
그 기도 노래의 메아리가 성령으로부터 오는
영감의 형태로 돌아와서 널 행복한 학생으로 만들어줄 거야.
이게 집으로 돌아가게 하는
'비결'이야. - 그저 배설물을
광내는 비결과는 반대지.
THE WORLD'S BEST SHINE
Turd wax
LASTS UP TO 12 HOURS
BEAUTIFIES GUILT
SPIRITUALIZES MATERIALITY
배설물 왁스
모든 요구는 신으로부터의 분리에 대한
믿음에서 비롯돼. 그러니 모든 요구를
만족시키는 방법은 일체의 사랑을 차단하는
모든 장애물을 제거하는 거야.
장애물
춥든, 배가 고프든, 파산을 했든, 지쳐 쓰러졌든
어쨌든 간에 그건 모두가 환영이 아닌
신만이 진정으로 채워줄 수 있는 결핍이야.
그러니 진정한 기도의
영지靈智는 이거야.
성령을 나날의
주인으로 모시라.
대용물 말고 일체(신)를
먼저 구하라.
그리고 가장 중요한 것
- 진정으로 용서하라.
훈련이 완성의 경지를 일궈내지.
이 세 가지를 터득하면 넌 이 꿈을 바꿔놓으려고
헛되이 애쓰지 않고 마음을 바꿔놓게 될 거야.
그게 바로 집으로 돌아가는 차표야.
ONENESS
ADMIT
TO ONE

chapter 8/9

실재계로부터의 계시

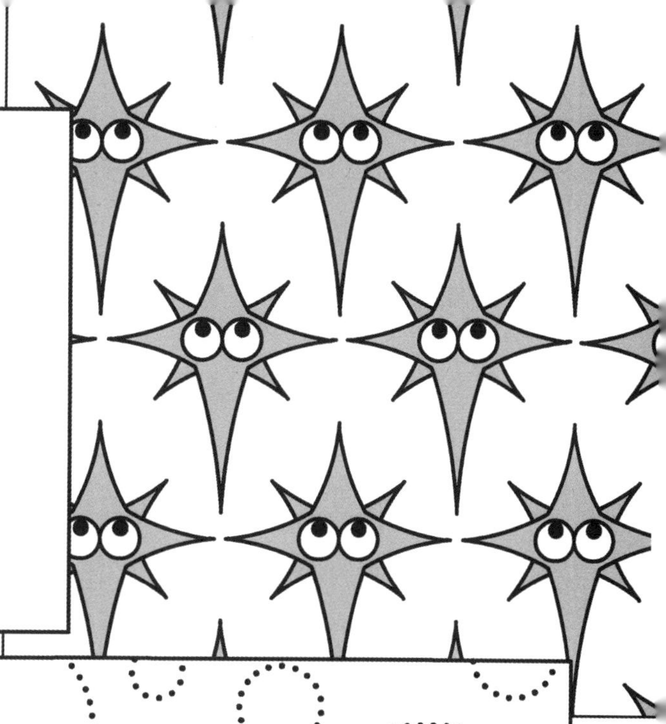

시간 밖에선 우리 모두가 이미 깨어나 있지만, 우리의 관점에서 보면
이슈아는 아직도 우리 마음속에서 우리와 함께 있어. 우리가 모두 마음속의 하나의 성령으로서
아직도 여기에 함께 있는 것처럼 보이는 것과 마찬가지로 말이야.
GOD IS
AESCULAPIUS

1965년, 뉴욕의 콜럼비아 장로교 병원의 임상심리학과장이었던
윌리엄 텟포드 박사는 어느 날 느닷없이 동료였던 이론심리학자 헬렌 슈크만 박사에게 이렇게 말했어.
- 함께 직장생활을 하는 그들 사이의 태도와 인간관계에 팽배해 있던 경쟁심과 공격성과 분노에
이젠 진저리가 났노라고. 텟포드는, 달리 - 불화 대신 조화롭게 - 살아갈 방법이
틀림없이 있으리라고 결론짓고 그것을 찾아내겠노라고 결심했어.
놀랍게도 헬렌도 거기에 동참해서 함께 그것을 찾아보겠노라고 열성적으로 나섰어.
대본
이젠 그만 하자구.
더 나은 길이 틀림없이 있을 거야. 찾아내고야 말겠어.
당신 말이 맞아요, 빌. 우리 함께 찾아봐요.

얼마 지나지 않아 헬렌 슈크만은
내면의 목소리를 듣기 시작했는데,
그 목소리는 자신이 역사인물인 예수라고 했어.
이것은
기적의 수업이다.
받아 적어라.
헬렌은 윌리엄 텟포드의 도움을 받아
여러 해에 걸쳐서 그 내면의 목소리를 받아 적었는데,
그것이 〈기적수업〉이라는 책이야.
A COURSE IN MIRACLES
COMBINED VOLUME
PREFACE
TEXT
WORKBOOK FOR STUDENTS
MANUAL FOR TEACHERS
CLARIFICATION OF TERMS
SUPPLEMENTS
NEW THIRD EDITION
FOUNDATION FOR INNER PEACE
기적수업은 1,200쪽 분량의 자습서로서,
성령과 함께 사고하여 마침내는 신께로 다시
깨어나는 법을 가르치지. 이건 이슈아가 당대에는
쓸 기회를 얻지 못했던 책이야.
A COURSE IN MIRACLES
COMBINED VOLUME
물론 예수로부터 채널링된 것으로
주장되는 문헌들은 많아.
심지어는 신으로부터 채널링됐다는 문헌들도 있지.
그중 대표적인 게 성경이고.
THE HOLEY BIBLE
하지만 그게 다 옳을 수는 없어.
특히나 그건 종종 내용상 서로 아귀가 맞지
않을뿐더러 어떤 부분은 영적으로 그저 그렇거나
아주 형편없는 수준을 노출하기도 해.
DUALITY
DUALITY
DUALITY
DUALITY
이원성

믿을 만한 대부분의 채널링 문서는,
채널러의 에고에 의해 다양한 정도로 오염된 성령의 목소리야.
신은 두려움을 창조하지 않았다.
신이 두려움을 창조했다.
에고의 프리즘
의심스러운 채널링 문서는, 거짓이나 반대주장을 하는 무지한 영혼의 무지한 목소리지.
기적수업의 내용은 심오하고도 수미일관해서 그 내용 자체가 자신을 대변하여 스스로를 독보적인 위치에다 올려놓았어.
A COURSE IN MIRACLES
COMBINED VOLUME
PREFACE
TEXT
WORKBOOK FOR STUDENTS
MANUAL FOR TEACHERS
CLARIFICATION OF TERMS
SUPPLEMENTS
NEW THIRD EDITION
FOUNDATION FOR INNER PEACE
이것이야말로 이 꿈속에서 발견할 수 있는, 진짜에 가장 근접한 가르침이다.
무의식의 바다
이슈아는 수업이 신께로 돌아가는 유일한 길이라고는 주장하지 않아. 실제로 이건 A Course in Miracle이지 The Course in Miracle이 아니야. 하지만 이슈아는 이거야말로 집으로 가는 가장 빠른 길이라고 주장해. 왜냐하면 이건 우리를 꿈에 빠져 있게 하는 그것, 곧 우리의 죄책감을 직접 다루니까 말이야.[1]
희생의 숲
집
우상의 도시
죽음의 늪
두려움의 만리장성
특별한 관계의 산맥
현재 위치
절망의 평원
용서의 강
슬픔의 사막

모든 길은 신께로 이어져 있어.
시나리오는 다 써져 있고 꿈의 결말은 뻔해.
하지만 대부분의 길은 에고의 입맛에
맞춰져 있어서 멀고도 험해.

이슈아는 기적수업을 전하기 위해 2천 년을 기다렸어.
인간의 역사상, 수업이 치명적인 왜곡 없이
전달될 가능성은 세 번째 밀레니엄의 새벽에야
처음으로 보이기 시작했으니까.

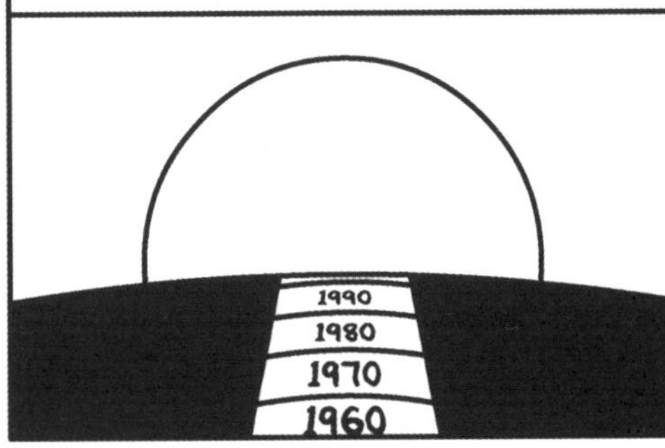

오늘날은 그 어느 때보다도 문맹률이 낮아.
정보전달도 어느 때보다 쉬워졌고
마음과 우주에 대한 인류의 이해수준도
전반적으로 가장 높아졌어.
하지만 성령이 이 꿈속에 기적수업을 가져오기 위해
그 모든 발전을 활용한 것과 마찬가지로 -

에고는 동일한 발전을 이용해서
대중매체가 소비를 부추기는
물신주의 사회와 핵무기를 만들어냈어.

바바라 크루거 작

이게 바로 이원성이야.
성령의 맑은 정신을 앙양하는 데 쓰이는 것이
에고의 정신병이 더치게 하는 데도 쓰이지.

기적수업도 마찬가지야. 말할 것도 없이,
에고는 기회만 보이면 이때다 하고 나서서
기적수업을 제멋대로 왜곡할 거야.
에고가 수업을 왜곡해놓으면 사람들은
수업이 정말로 말하고 있는 것을
제대로 이해하지 못하고도
그걸 뻔뻔하게 무시해버릴 수 있지.
이건 너처럼
둔한 사람에겐
너무 복잡한 이야기야.
그냥 말도 안 된다고
무시해버려.
에고는 사람들이 실제로 해보지도 않고서
기적수업을 공부하는 척할 수 있도록
수업을 왜곡할 거야.
용서는 다 좋아.
하지만 일정한 한계선은
그어야 돼.
그리고
일체성 문제는
어렵지 않아. 이원성을
조금만 남겨두면
되니까.
에고는 수업을 지나치게 지적인 것으로 만들어서
이해불가능한 것처럼 보이게 하지.
이 문장이 의도하는
뜻이 뭔지를 지금부터
한 시간 동안
토론해봐.
에고는 수업을 특별하고 신성한 것으로 만들려고 할 거야. 에고는 수업의 내용을 놓고
타협하여 이원적인 것으로, 종교로 만들어놓으려고 할 거야. 그리고 다른 것들과 섞어놓으려고 하고,
수업을 마음을 바꾸는 대신 세상을 바꾸는 일에 동원하려고 할 거야.
그리고 자신이 옳고 다른 사람은 그르게 만드는 데다 수업을 이용할 거야. -
TEXT
WORKBOOK FO
MANUAL FOR T
ARIFICATION
EMENTS
COMBINED VOLUME
IN
INNER PEACE

알겠어?
에고는 수업을 무의식 속의 죄책감을 녹여서 깨어나게 하는 데 사용하는 대신 온갖 목적에 동원해서 이용하려 할 거야. 그러니까 조심해.
FOUNDATION FOR
COMBINED VOLUME
PREFACE
TEXT
INNER PEACE

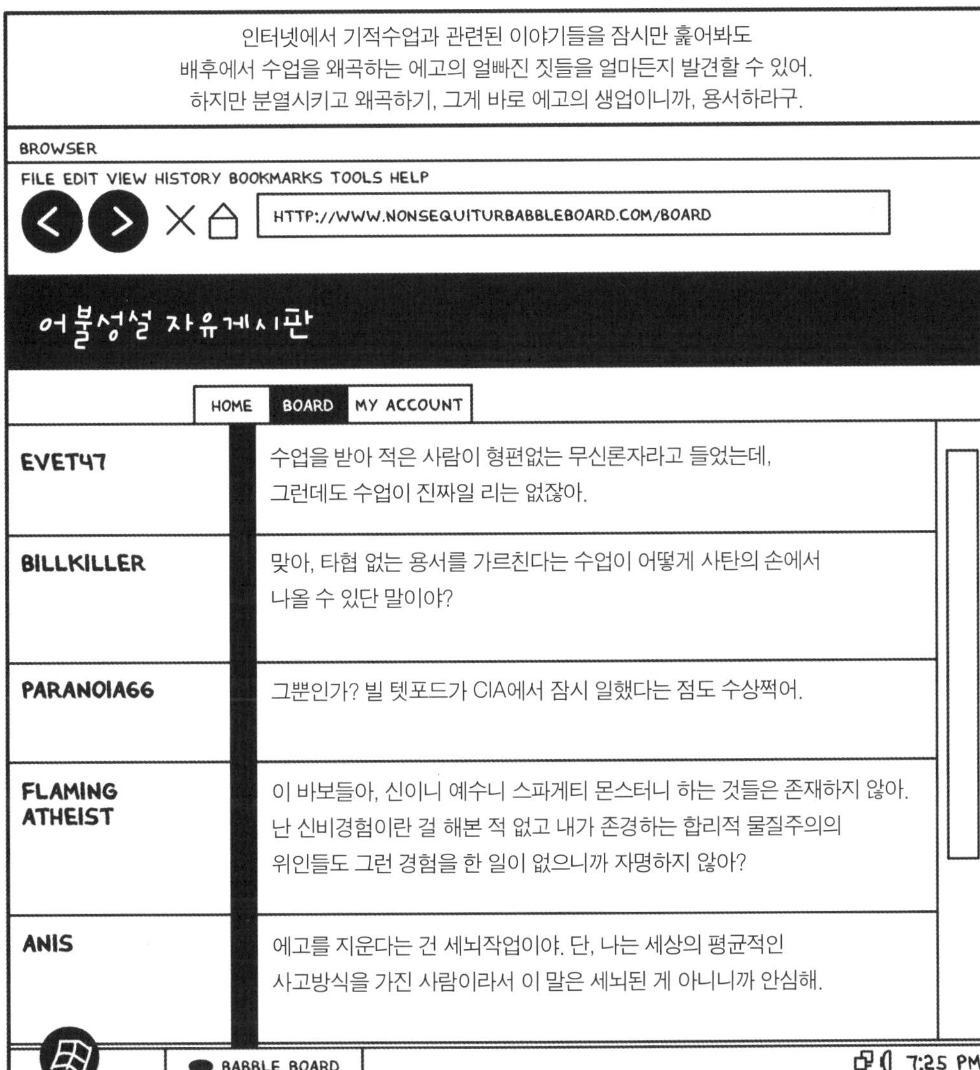
인터넷에서 기적수업과 관련된 이야기들을 잠시만 훑어봐도
배후에서 수업을 왜곡하는 에고의 얼빠진 짓들을 얼마든지 발견할 수 있어.
하지만 분열시키고 왜곡하기, 그게 바로 에고의 생업이니까, 용서하라구.
BROWSER
FILE EDIT VIEW HISTORY BOOKMARKS TOOLS HELP
HTTP://WWW.NONSEQUITURBABBLEBOARD.COM/BOARD
어불성설 자유게시판
HOME
BOARD
MY ACCOUNT
EVET47
수업을 받아 적은 사람이 형편없는 무신론자라고 들었는데, 그런데도 수업이 진짜일 리는 없잖아.
BILLKILLER
맞아, 타협 없는 용서를 가르친다는 수업이 어떻게 사탄의 손에서 나올 수 있단 말이야?
PARANOIA66
그뿐인가? 빌 텟포드가 CIA에서 잠시 일했다는 점도 수상쩍어.
FLAMING ATHEIST
이 바보들아, 신이니 예수니 스파게티 몬스터니 하는 것들은 존재하지 않아. 난 신비경험이란 걸 해본 적 없고 내가 존경하는 합리적 물질주의의 위인들도 그런 경험을 한 일이 없으니까 자명하지 않아?
ANIS
에고를 지운다는 건 세뇌작업이야. 단, 나는 세상의 평균적인 사고방식을 가진 사람이라서 이 말은 세뇌된 게 아니니까 안심해.
BABBLE BOARD
7:25 PM

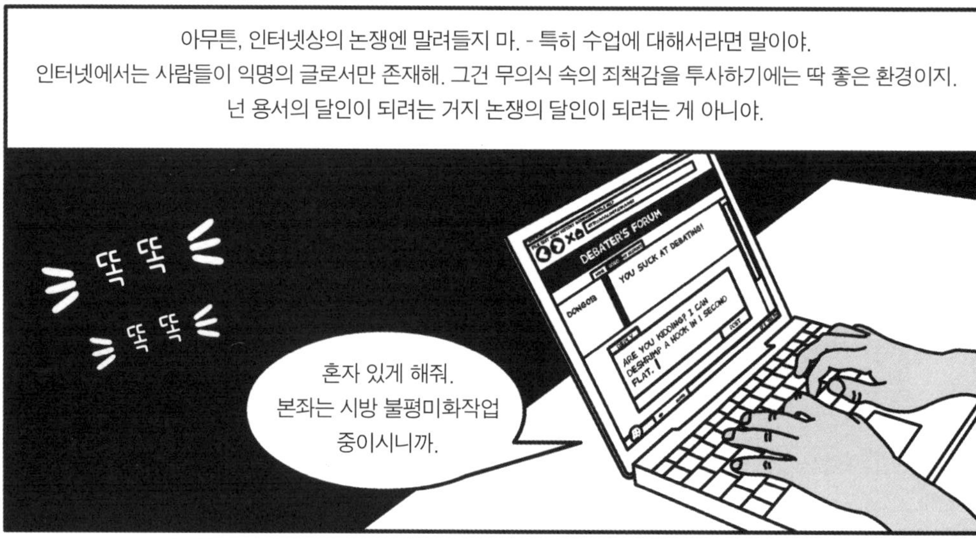

아무튼, 인터넷상의 논쟁엔 말려들지 마. - 특히 수업에 대해서라면 말이야.
인터넷에서는 사람들이 익명의 글로서만 존재해. 그건 무의식 속의 죄책감을 투사하기에는 딱 좋은 환경이지.
넌 용서의 달인이 되려는 거지 논쟁의 달인이 되려는 게 아니야.
뚝 뚝
뚝 뚝
DEBATER'S FORUM
YOU SUCK AT DEBATING!
ARE YOU KIDDING? I CAN DESHRIMP A HOOK IN 1 SECOND FLAT.
혼자 있게 해줘.
본좌는 시방 불평미화작업
중이시니까.

이 꿈속의
모든 사람들이 저작권 문제에
걸려 있다는 점을 명심해 둬.
신은 우리의 저자이고, 우린 신이
저자라는 관점에 대한 터무니없는
저항으로서 이 온 우주를
꿈꾸어낸 거야.
그러니 너의
그 보잘것없는 저작권을
존중받을 기대는 하지 마.
- 너의 배후가 영靈이라고
하더라도 말이야.
EMERGENCY 911
POLICE
12945
적당한 때에
네가 보는 대로의 사실만 말하면 돼.
하지만 거기에 빠지진 말고 용서하고
계속 나아가. 넌 속으로 존경심을 품고
상냥하게 대하더라도 상대방은
달리 해석할 수 있으니까.
또, 사실상으로는 선언인 질문에
넘어가서 대답하지 마.
그저 질문자에게 그건 질문이 아니라
선언이란 점만 지적해주라구.

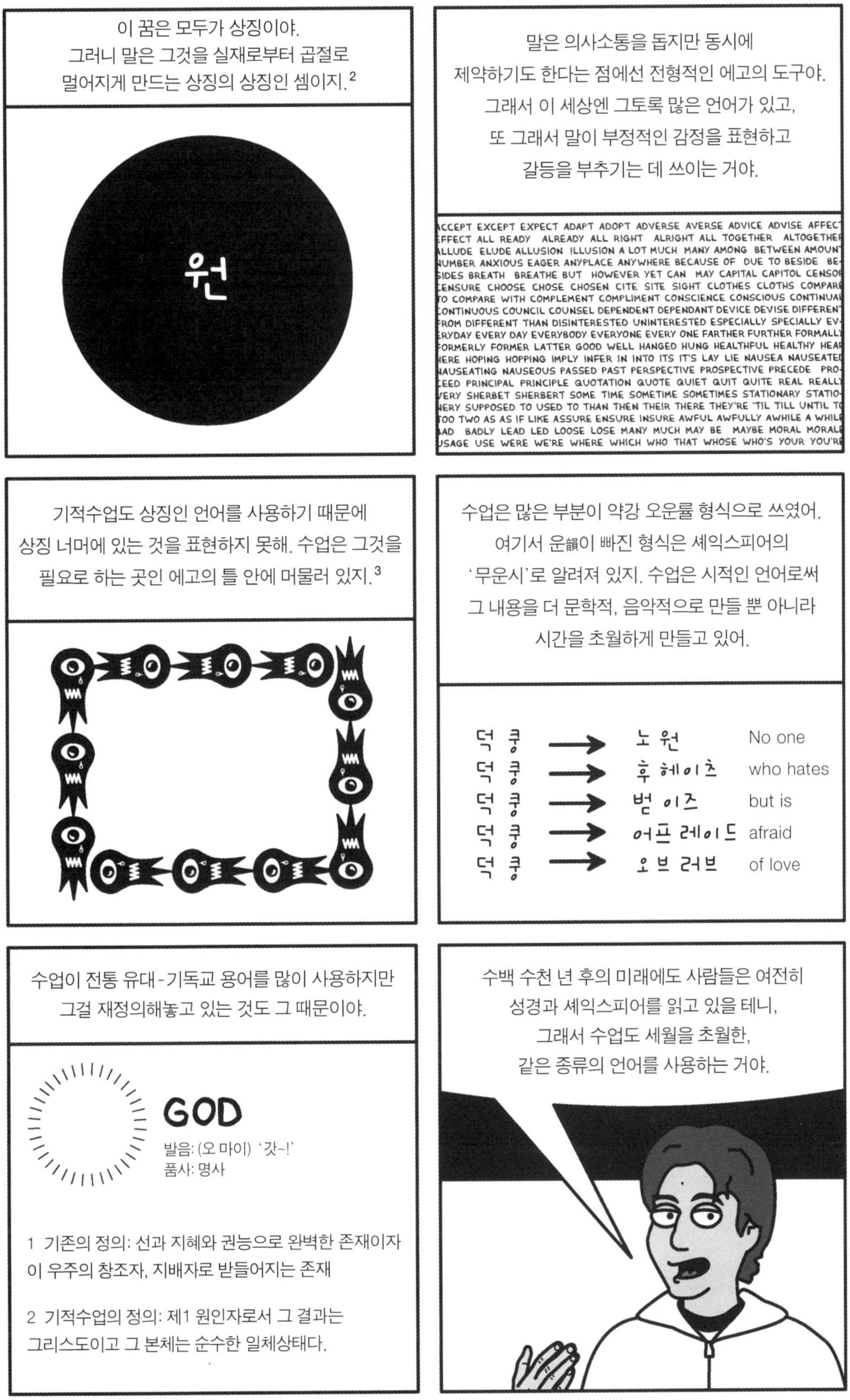

이 꿈은 모두가 상징이야.
그러니 말은 그것을 실재로부터 곱절로
멀어지게 만드는 상징의 상징인 셈이지.[2]
원
말은 의사소통을 돕지만 동시에
제약하기도 한다는 점에선 전형적인 에고의 도구야.
그래서 이 세상엔 그토록 많은 언어가 있고,
또 그래서 말이 부정적인 감정을 표현하고
갈등을 부추기는 데 쓰이는 거야.
CCEPT EXCEPT EXPECT ADAPT ADOPT ADVERSE AVERSE ADVICE ADVISE AFFEC
FFECT ALL READY ALREADY ALL RIGHT ALRIGHT ALL TOGETHER ALTOGETHE
LLUDE ELUDE ALLUSION ILLUSION A LOT MUCH MANY AMONG BETWEEN AMOUN
UMBER ANXIOUS EAGER ANYPLACE ANYWHERE BECAUSE OF DUE TO BESIDE BE-
IDES BREATH BREATHE BUT HOWEVER YET CAN MAY CAPITAL CAPITOL CENSO
ENSURE CHOOSE CHOSE CHOSEN CITE SITE SIGHT CLOTHES CLOTHS COMPAR
O COMPARE WITH COMPLEMENT COMPLIMENT CONSCIENCE CONSCIOUS CONTINUA
ONTINUOUS COUNCIL COUNSEL DEPENDENT DEPENDANT DEVICE DEVISE DIFFEREN
ROM DIFFERENT THAN DISINTERESTED UNINTERESTED ESPECIALLY SPECIALLY EV-
RYDAY EVERY DAY EVERYBODY EVERYONE EVERY ONE FARTHER FURTHER FORMALL
ORMERLY FORMER LATTER GOOD WELL HANGED HUNG HEALTHFUL HEALTHY HEA
ERE HOPING HOPPING IMPLY INFER IN INTO ITS IT'S LAY LIE NAUSEA NAUSEATE
AUSEATING NAUSEOUS PASSED PAST PERSPECTIVE PROSPECTIVE PRECEDE PRO-
EED PRINCIPAL PRINCIPLE QUOTATION QUOTE QUIET QUIT QUITE REAL REALL
ERY SHERBET SHERBERT SOME TIME SOMETIME SOMETIMES STATIONARY STATIO-
ERY SUPPOSED TO USED TO THAN THEN THEIR THERE THEY'RE 'TIL TILL UNTIL T
OO TWO AS AS IF LIKE ASSURE ENSURE INSURE AWFUL AWFULLY AWHILE A WHIL
AD BADLY LEAD LED LOOSE LOSE MANY MUCH MAY BE MAYBE MORAL MORAL
SAGE USE WERE WE'RE WHERE WHICH WHO THAT WHOSE WHO'S YOUR YOU'R
기적수업도 상징인 언어를 사용하기 때문에
상징 너머에 있는 것을 표현하지 못해. 수업은 그것을
필요로 하는 곳인 에고의 틀 안에 머물러 있지.[3]
수업은 많은 부분이 약강 오운률 형식으로 쓰였어.
여기서 운韻이 빠진 형식은 셰익스피어의
'무운시'로 알려져 있지. 수업은 시적인 언어로써
그 내용을 더 문학적, 음악적으로 만들 뿐 아니라
시간을 초월하게 만들고 있어.
덕 쿵 → 노 원 No one
덕 쿵 → 후 헤이츠 who hates
덕 쿵 → 벋 이즈 but is
덕 쿵 → 어프레이드 afraid
덕 쿵 → 오브 러브 of love
수업이 전통 유대-기독교 용어를 많이 사용하지만
그걸 재정의해놓고 있는 것도 그 때문이야.
GOD
발음: (오 마이) '갓~!'
품사: 명사
1 기존의 정의: 선과 지혜와 권능으로 완벽한 존재이자
이 우주의 창조자, 지배자로 받들어지는 존재
2 기적수업의 정의: 제1 원인자로서 그 결과는
그리스도이고 그 본체는 순수한 일체상태다.
수백 수천 년 후의 미래에도 사람들은 여전히
성경과 셰익스피어를 읽고 있을 테니,
그래서 수업도 세월을 초월한,
같은 종류의 언어를 사용하는 거야.

수업의 언어는 독자가 독서 속도를 늦추고
글을 정말로 소화시키게 만들어.
그래서 불평하는 사람들도 있지.
또 어떤 사람들은 수업이 남성격 단어를
쓰는 것 따위를 불평해. 에고는 어떤 일에든
불평하길 좋아하지. - 특히나 에고를 지우게끔
고안된 일에는 더욱. 이슈아가 자유를 질식시키는
'편견 없는 용어 쓰기' 같은 정치적 유행에는
관심 없다는 점을 용서해줘.
BLA BLA
계집애 계집애 계집애 계집애
개집에 개집에 개집에 개집에
BITCH BITCH BITCH
진실은 단순하지만 에고는 그렇지 않아.
그래서 에고를 지우는 데는 좀 복잡한 작업이 필요해.
〈기적수업〉은 총 622쪽의 [교재]와
478쪽의 [학생용 자습서], 88쪽의 [교사용 지침서],
이 세 권이 합본된 책이야. 거기에 부록으로
[기도의 노래]와 [심리치료 팜플렛]이 들어있지.
A COURSE IN MIRACLES
COMBINED VOLUME
FOUNDATION FOR INNER PEACE
[교재]는 학생이 자습에 들어갈 수
있게 할 준비로서 수업의 순수비이원론적
형이상학을 펼쳐 보여주지.
[학생용 자습서]에는
[교재]의 형이상학을 경험적으로 적용하게 하는
365개의 과제가 제시돼 있어.
이 과제들은 학생들이 성령에게로 눈을 돌리는
방법을 터득하도록 도와주지.

스폰지밥 역: 알렉스

그리고 마지막으로 [교사용 지침서]는
수업내용을 요약하여 학생이 진정한
신의 교사가 되도록 돕는 문답으로 되어 있어.
기적수업 읽기의 열쇠
이원성에 관한 이야기는 비유다.
비유의 예: 신께서 운다… 신은 외롭다.
비이원성에 관한 이야기는 문자 그대로다.
비이원성의 예: 신은 있다.
[자습서]를 마치려면 최소한 1년이 걸려.
자습서는 학생이 성령과 동조되게 하지. 그리고 학생은
오직 성령과 동조됨으로써만 진정한 신의 교사가 될 수 있어.
VOLUME
84 88 92 94 96 98 100 104 106 108
TUNING
기적수업에 의하면 가르치는 것은 곧 배우는 것이어서 교사와 학생은 같아.[4]
가르친다는 건 지속적인 과정이어서, 우리는 모두가 언제나 에고의 사고체계를 가르치거나, 아니면 성령의 사고체계를 가르치고 있어. - 우리가 어느 쪽을 교사로 선택하느냐에 따라서 말이야.
그런 뜻에서 모든 사람은 교사야. 그러니 진정한 가르침이란 어떤 주제를 놓고 강연을 하는 것 같은 그런 일이 아니야. 나날의 일상적인 행위를 통해 바른 마음, 혹은 그른 마음을 보여주는 것, 그게 바로 진정한 의미의 가르침이야.

성령의 사고체계를 제대로 가르치려면
진정으로 성령을 네 교사로 택해야 해. 그러지 않으면
에고의 과목을 가르치게 될 수밖에 없어.
행위는 생각의 산물이니까.
학교버스
EGO ELEMENTARY
기적수업을 가르칠 필요는 전혀 없어.
수업 자체가 가르쳐주니까. 하지만
수업은 처음에 소개를 제대로 잘 받지 않으면
공부의욕이 꺾일 수 있어.
학교버스
MIRACLE HIGH
난 〈우주가 사라지다〉를 통해서
기적수업을 소개받았어.
THE DISAPPEARANCE OF THE UNIVERSE
GARY R. RENARD
난 가톨릭계 학교를 다녔었어. 그래서 고등학생이 됐을 때는
기독교와 종교 일반에 대해 잘 알게 돼서, 내부자의 관점으로 봐도
그게 별로 말이 되지 않는다는 걸 알고 있었지.
잼는 힌트: 악수할 때 집게손가락으로 상대방의 손바닥을 간질여보라.
특히 가톨릭 미사에서 '평화의 인사'를 할 때 하면 재밌다.
내게 가톨릭은 다른 종교들보다 미술사적 측면에서,
그리고 신비주의적이어서 매력이 있었어. 특히나 근본주의 기독교파들보단 훨~
오, 은총 깊으신 마리아여,
당신이 파티마에서처럼 제 앞에
나타나지 않게 해주시고, 제게는 성흔이
나타나지 않게 하시옵소서. 참, 그리고
또 엑소시스트처럼 되지 말게
하옵소서.

- 하지만 가톨릭도
만족스런 답을 주진 못했어.
난 가톨릭이 정말 말이 되게 하려면 내가
교황이 돼서 가톨릭교를 분해검사해야
하리라고 생각했어.
그래서 대답보다
의문이 더 많았던 난
결국 물리학, 철학, 신비주의 등을
들여다보기 시작했지.
어린이를 위한 힌트:
교황놀이를 하려면
모자를 뒤집어서
챙이 위로 가도록 쓰면 됨.
비이원주의
사도신경
하나이고 영원한 모든 것의
창조주인 신을 믿사오며
신의 연장延長인 그리스도를 믿사오며
용서를 통해 죄책감 없는 마음을 얻고
죄책감 없으므로 본디오 빌라도에게
고난받지 않았고
십자가를 통해 그 자신이며
언제나 그 자신일 사랑만을 가르치신
육화한 그리스도, 이슈아를 믿사오며
성령과, 환영의 용서와
몸의 비실재성과
생명이 영원함을
믿사옵니다
아멘
하지만 가는 데마다 막다른 골목처럼 보였어.
나가는 곳
없음
출구 아님
자세히 들여다볼수록 과학은 너무나 불완전하고
절망적으로 한시적인 모습을 노출시켰어.
〈과학혁명의 구조〉
토머스 쿤
THE STRUCTURE OF SCIENTIFIC REVOLUTIONS
THOMAS S. KUHN
순전한 형식
내용 없음

정치는 가망 없는 협잡이었고
상원의원 도첸
현상 유지
나의 상원의원 30년과 30년 더 해야 할 이유
뉴욕 타임즈 베스트셀러
심리학은 일관성이 없었고
뉴욕 타임즈 베스트셀러
제정신
정신 나간 평균인으로 살기
인생 지침서
닥터 필러스 저
대체영성은 혼란의 거미줄이었고
뉴욕 타임즈 베스트셀러
떔빵 테이프 영성
에고 개선의 기술
캐슈닌 목사 저
돈, 애정관계, 술과 같은 삶 속의 일상적 추구조차 가련하고 의미가 없어졌어.
난 그래서 네가 싫어.
DJI
FTSE 100
HSE
N225
YOUR PORTFOLIO
난 두 가지 선택이 있다는 걸 깨달았어. 이 경제사회 매트릭스의 꼭대기에 앉아 있는 무지한 영혼들이 하사하는 쓰레기를 받아먹는 멍청이 로봇 같은 소비자가 되도록, 머리를 박아서 뇌손상을 일으키든가 -
우와! 이 노래가 그래미상을 받았다구? 그럼 좋은 노래네~

- 아니면 정말 말이 되는 진짜 답을 찾을 때까지 계속 찾아 헤매든가.
물론 난 계속 찾아보기로 했지.
TWILIGHT ZONE 1
LIFE IN HELL
FOOD OF THE GODS
GOSPEL OF THOMAS
THE ART OF TURD POLISHING: INTRO TO EXISTENTIALISM
PROMETHEUS RISING
HUMAN ACTION
ON LOVE AND LONELINESS
LABYRINTHS
PSYCHO PICTOGRAPHY
THE ART OF SEEING
ELEGANT UNIVERSE
SADISTIC UNIVERSE
TRADING IN THE ZONE
THE INVISIBLE LANDSCAPE
CONVERSATIONS WITH DOGS
TRUE HALLUCINATIONS
NOTES FROM UNDERGROUND
ART IN THEORY
THE LIBRARY OF BABEL
THE FOUR ARGUMENTS
THE THREE STOOGES
THE END OF TIME
MASTERY OF LOVE
IN SEARCH OF A COURSE IN MIRACLES
JUNG
PLATO
UNDERSTANDING MEDIA
UNDERSTANDING MCLUHAN
J. KRISHNAMURTI
SIDDHARTHA
찾는 동안에 재밌는 것들을 많이 발견했지만 그건 모두가 나를 두 가지의 비슷하고도 똑같이 절망적인 생각에 시달리게 만들 뿐이었어.
한 가지 생각은 내가 '무한 미침'이라고 이름붙인 잡동사니 뉴에이지 횡설수설이었지.
그건, 나는 불멸의 존재이고 이 우주의 일들에 대해 모종의 정신적 지배력을 지니고 있지만 딱히 가야 할 데는 없어서, 존재란 모두가 일종의 영원한 방황이라는 생각이었어. - 굴러 내려온 바위를 영원히 다시 산 위로 굴려 올려야 하는 시지푸스가 된 것처럼 말이야.
그 궁지에선 죽음조차 탈출구가 될 수 없었지.

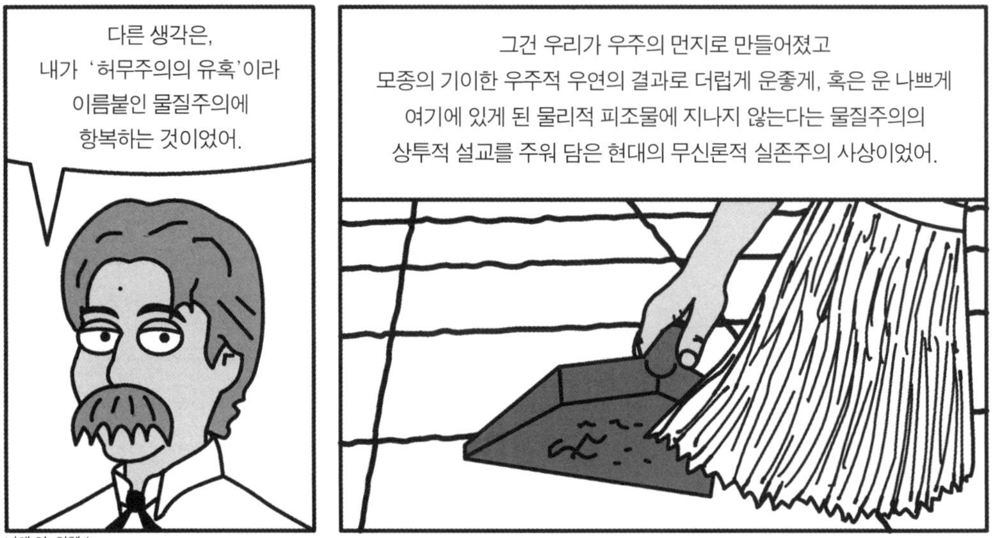

니체 역: 알렉스

영화 '시계태엽오렌지'

운 좋게도 난 마침내 개리 레너드의 〈우주가 사라지다〉라는,
기적수업에 관한 포괄적인 내용의 이야기를 담은 책을 만났어.
〈우주가 사라지다〉는 2003년에
출판됐는데, 1992년부터 시작된
열일곱 번의 대화를 기록한 책이야.
그 대화는 개리 레너드와,
아턴과 퍼사라는 두 승천한 스승이
기적수업에 관해서 나눈 이야기고.
나도 처음엔 그 책을 수상쩍게 봤어. - 주로 그 책의
전제 때문이야. 난 그게 일관된 사상이나 분명한 목표
같은 건 없는, 약간의 흥미로운 생각들이 섞여 있는
그저 그렇고 그런 난센스일 거라고 생각했었지.
THE DISAPPEARANCE OF THE UNIVERSE
GARY R. RENARD
하지만 반쯤 읽었을 때,
나는 기적수업이야말로
내가 찾던 바로 그것임을 깨달았어.
THE DISAPPEARANCE OF THE UNIVERSE
GARY R. RENARD
책을 읽기 시작한지 24시간 만에
그걸 다 읽고 나서, 다시 읽기 시작했어.
THE DISAPPEARANCE OF THE UNIVERSE
GARY R. RENARD
그건 나의 모든 의문에 대답해줬고
완벽히 말이 됐어. 오랜 세월 동안 기억해내려고
애썼던 그걸 마침내 기억해낸 듯한 느낌이었지.
THE DISAPPEARANCE OF THE UNIVERSE
GARY R. RENARD

〈우주가 사라지다〉를
처음 읽은 몇 주 안에 나는 기적수업을 사서
다 독파하고, 자습서를 보면서
자습을 시작했어.
그러는 한편
수업의 으뜸가는 교사인 켄 왑닉의
가르침도 파고들기 시작했지.
그리고 결국은
데이빗 호프마이스터와 같은
다른 교사들도.
난 이내 수업에 대한 지적인 이해를 갖추게 됐어.
그리고 네가 지금 읽고 있는 것처럼 보이는
바로 이 책을 만들 궁리까지 시작했지.

R. Crumb 만화 (Keep on Truckin')에서 따온 이미지

기적수업의 멋진 점 중 하나는, 그것이 마음을 바꾸는 것 외엔 아무것도 요구하지 않는 독립적인 자습과정이란 점이야. 외부적으론 무슨 일을 하든지 상관이 없어.
기적수업은 마음의 차원에서 하는 거야. 마음이야말로 만사의 원인이니까. 꿈속의 물리적 우주도 그 산물이야. 너의 행위는 생각의 결과이고 너의 생각이 이 꿈속의 경험을 결정하지.
A COURS IN MI
COMBINE
수업은 네가 게이에다 살인청부업자이든, 독신 자선사업가이든 상관하지 않아. 수업은 네가 '자기'라고 생각하는 거기에서 널 만나주지.
수업은 형상에다 그 어떤 판단도 갖다 붙이지 않아. 단지 그 형상이 무엇을 상징하는지를 물어봄으로써 그 '내용'을 부각시키고, 그로써 용서를 부추기지.
PREFACE
TEXT
WORKBOOK FOR STUDEN
MANUAL FOR TEACHERS
CLARIFICATION OF TERMS
SUPPLEMENTS
수업은 이 꿈에서 빠져나갈 수 있는 가장 빠른 길이야. 그래도 그건 평생의 길이지. 이건 한 번 읽고 던져버릴 그런 책이 아냐. - 물론 그런 시나리오도 없진 않지만.
네 무의식 속의 죄책감을 모두 보여주고 그걸 단번에 모두 진정으로 용서하라고 한다면 넌 혼비백산해서 이 꿈속으로 다시 도망쳐 나올 거야. 내가 경험해봐서 알지.
FOUN

무의식 속의 죄책감을 녹여서 에고를 지우는 것도 하나의 과정이지만, 그건 과거를 재편집해서 미래를 보장 받으려는 '진화'와 같은 친숙한 의미의 그런 과정이 아니야.
그건 과거를 지움(복원함)으로써 미래가 지워지는 그런 과정이야. 그건 시간을 영원 속으로 붕괴시키지.
과거
미래

진정한 용서를 택할 때마다 넌 과거의 죄 대신 현재의 순결을 선택하는 거야. 그러면 그것이 미래의 벌을 없애주지.
기적수업의 목표인 실재세계를 이룩하는 길이 여기에 있어.

물론 사람들이 흔히 '현실세계'라고 부르는 것은 결코 실재세계가 아니야. 그건 누군가의 이익은 곧 누군가의 손해가 되는, 냉혹한 야망과 끝없는 투쟁으로 점철된, 에고의 죄짐에 짓눌린 세계일 뿐이야.
그 세계에 관한 유일한 진실은, 그것이 진실이 아니라는 거야. 그리고 그걸 정말로 깨닫는 것이 곧 진정한 실재세계를 깨닫는 것이지.

온전히 치유되어 죄책감 없는 마음의 눈을 통해 인식되는, 천국의 상징으로서 보이는 꿈이야말로 진정한 실재세계야. 거기선 인식이란 곧 순수한 용서와 총체적 합일의 인식이지.
진정한 실재세계의 성취야말로 일체의 집으로 돌아가는 우리의 개인적 여정의 끝이야.
거기서 우리는 스스로에게 들씌웠던 시공간의 제약에서 해방되고 '재림'의 진정한 의미를 맞아들이게 되지. 조각났던 우리의 마음은 온전한 한마음 - 그리스도 - 의 자각 속에서 다시 하나가 되고.
그러면 진정한 의미의 종말과 최후의 심판을 맞이하게 돼. - 진실을 환영으로부터 영원히 분리해내고, 우리의 최초의 심판을 지워 원상을 회복하는 거지. 사랑에다 죄책감의 무거운 장막을 드리움으로써 우리를 지옥의 꿈에 빠지도록 저주했던 그 최초의 심판으로부터 말이야.
그러면 마침내 우리 여정의 최후의 한 걸음은 신에 의해서 상징적으로 떼어져 놓일 거야. 그러면 그 순간 우리는, 떠난 적 없었던 천국으로 돌아오는 거지.
이 꿈속에서는 외견상 분리되어 있는 우리 각자의 마음들은 저마다 다른 색조의 빛과도 같아.

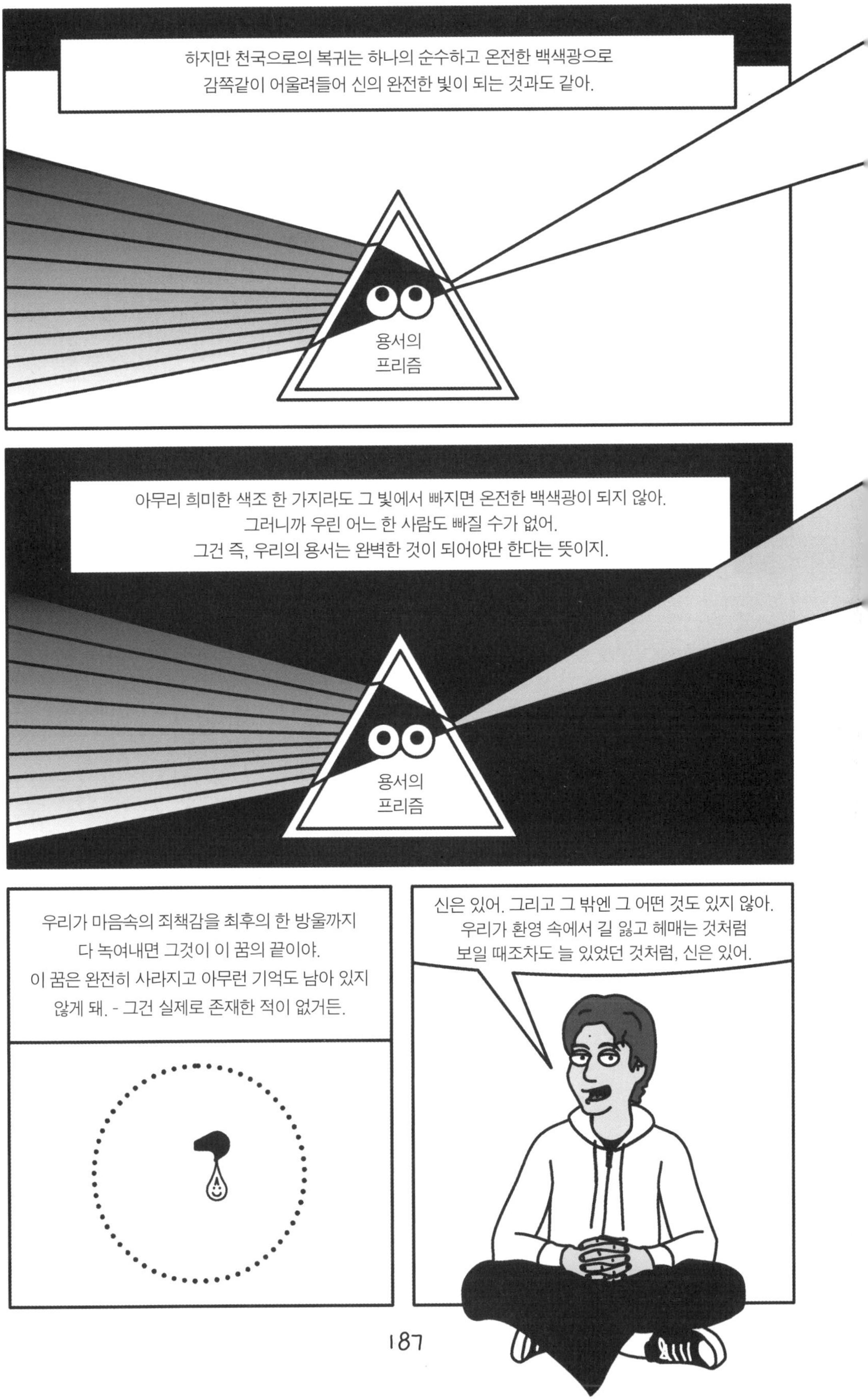

하지만 천국으로의 복귀는 하나의 순수하고 온전한 백색광으로
감쪽같이 어울려들어 신의 완전한 빛이 되는 것과도 같아.
용서의
프리즘
아무리 희미한 색조 한 가지라도 그 빛에서 빠지면 온전한 백색광이 되지 않아.
그러니까 우린 어느 한 사람도 빠질 수가 없어.
그건 즉, 우리의 용서는 완벽한 것이 되어야만 한다는 뜻이지.
용서의
프리즘
우리가 마음속의 죄책감을 최후의 한 방울까지
다 녹여내면 그것이 이 꿈의 끝이야.
이 꿈은 완전히 사라지고 아무런 기억도 남아 있지
않게 돼. - 그건 실제로 존재한 적이 없거든.
신은 있어. 그리고 그 밖엔 그 어떤 것도 있지 않아.
우리가 환영 속에서 길 잃고 헤매는 것처럼
보일 때조차도 늘 있었던 것처럼, 신은 있어.

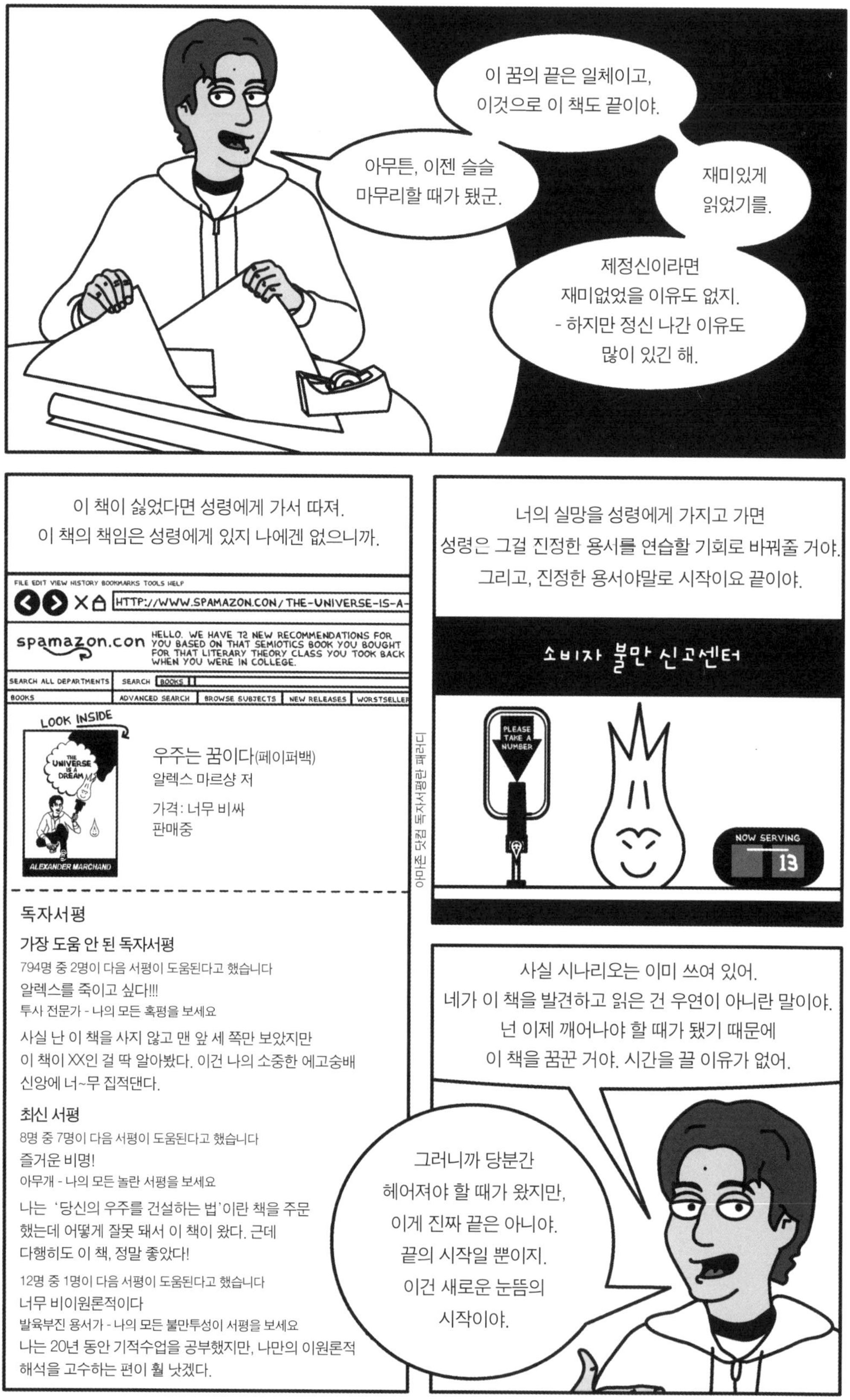
아무튼, 이젠 슬슬
마무리할 때가 됐군.
이 꿈의 끝은 일체이고,
이것으로 이 책도 끝이야.
재미있게
읽었기를.
제정신이라면
재미없었을 이유도 없지.
- 하지만 정신 나간 이유도
많이 있긴 해.
이 책이 싫었다면 성령에게 가서 따져.
이 책의 책임은 성령에게 있지 나에겐 없으니까.
FILE EDIT VIEW HISTORY BOOKMARKS TOOLS HELP
HTTP://WWW.SPAMAZON.CON/THE-UNIVERSE-IS-A-
spamazon.con
HELLO. WE HAVE 72 NEW RECOMMENDATIONS FOR YOU BASED ON THAT SEMIOTICS BOOK YOU BOUGHT FOR THAT LITERARY THEORY CLASS YOU TOOK BACK WHEN YOU WERE IN COLLEGE.
SEARCH ALL DEPARTMENTS
SEARCH BOOKS
BOOKS
ADVANCED SEARCH
BROWSE SUBJECTS
NEW RELEASES
WORSTSELLER
LOOK INSIDE
THE UNIVERSE IS A DREAM
ALEXANDER MARCHAND
우주는 꿈이다(페이퍼백)
알렉스 마르샹 저
가격: 너무 비싸
판매중
독자서평
가장 도움 안 된 독자서평
794명 중 2명이 다음 서평이 도움된다고 했습니다
알렉스를 죽이고 싶다!!!
투사 전문가 - 나의 모든 혹평을 보세요
사실 난 이 책을 사지 않고 맨 앞 세 쪽만 보았지만
이 책이 XX인 걸 딱 알아봤다. 이건 나의 소중한 에고숭배
신앙에 너~무 집적댄다.
최신 서평
8명 중 7명이 다음 서평이 도움된다고 했습니다
즐거운 비명!
아무개 - 나의 모든 놀란 서평을 보세요
나는 '당신의 우주를 건설하는 법'이란 책을 주문
했는데 어떻게 잘못 돼서 이 책이 왔다. 근데
다행히도 이 책, 정말 좋았다!
12명 중 1명이 다음 서평이 도움된다고 했습니다
너무 비이원론적이다
발육부진 용서가 - 나의 모든 불만투성이 서평을 보세요
나는 20년 동안 기적수업을 공부했지만, 나만의 이원론적
해석을 고수하는 편이 훨 낫겠다.
아마존 닷컴 독자서평란 패러디
너의 실망을 성령에게 가지고 가면
성령은 그걸 진정한 용서를 연습할 기회로 바꿔줄 거야.
그리고, 진정한 용서야말로 시작이요 끝이야.
소비자 불만 신고센터
PLEASE TAKE A NUMBER
NOW SERVING
13
사실 시나리오는 이미 쓰여 있어.
네가 이 책을 발견하고 읽은 건 우연이 아니란 말이야.
넌 이제 깨어나야 할 때가 됐기 때문에
이 책을 꿈꾼 거야. 시간을 끌 이유가 없어.
그러니까 당분간
헤어져야 할 때가 왔지만,
이게 진짜 끝은 아니야.
끝의 시작일 뿐이지.
이건 새로운 눈뜸의
시작이야.

이 책 속의 생각들이 생소했다면 그걸 여러 번 읽어봐야 할 거야. 왜냐하면 아무래도 네 에고가 중요한 부분들을 많이 왜곡하고 빼먹게 만들었다고 보는 편이 맞을 테니까.
EGO
EGO 교체용 지식필터
에고
3개입 지식필터
에고의 사고체계를 합리화해줍니다
3 KNOWLEDGE FILTERS
부인否認의 힘을 절대 과소평가하지 마.
사실은 바로 그 부인이 이 우주를 지어냈으니까.
이 책을 다 읽었으면 기적수업도 사보면 좋을 거야. - 아직 없다면.
이 책은 기적수업의 심오한 통찰을 짤막하게 요약해놓은 것일 뿐이니까 더 깊이 들어가고 싶다면 기적수업이 필요할 거야.
다음에 할 일에 대해선 그것밖에 충고해줄 게 없네. 일체로 돌아가는 각자의 길은 매우 개인적인 길이야. 에고란 애가 워낙에 개인주의적이라서 말이지.
ALEXANDER MARCHAND
A COURSE IN MIRACLES
주: 이 책을 미래에 읽게 된다면 내가 속편을 썼을 테니 이유불문하고 그 책도 꼭 읽으시라.
보편적인 신학은 없어. 보편적 경험이 있을 뿐이지.[5]
말이 되는 게, 예컨대 개의 마음은 기적수업 같은 걸 읽고 공부할 수가 없어.
하지만 그럼에도 모든 개의 마음은 깨어나게끔 되어 있어.
그건, 모든 마음은 결국 에고를 등지고 성령으로 돌아가게끔 운명지어져 있기 때문이야.

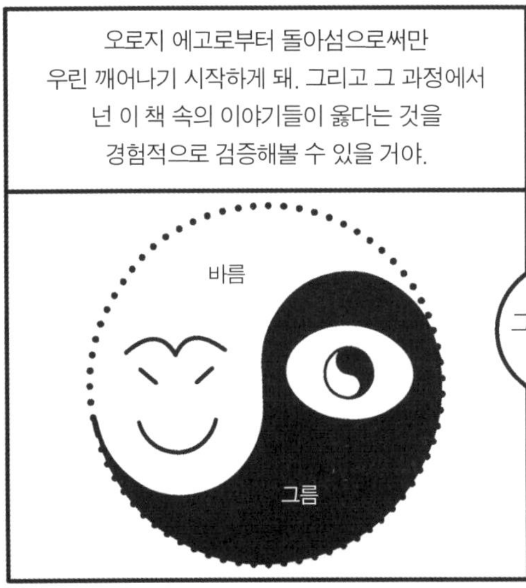

코미디 '바보 삼총사The Three Stooges'

플라톤의 동굴 비유

제임스 조이스의 'Finnegan's Wake'를 읽고 있는 알렉스

ALEX

입소문

이 책이 재미있었다면
다른 사람들에게도 이야길 전해주시길.

다음 편에 계속…

시간의 지도

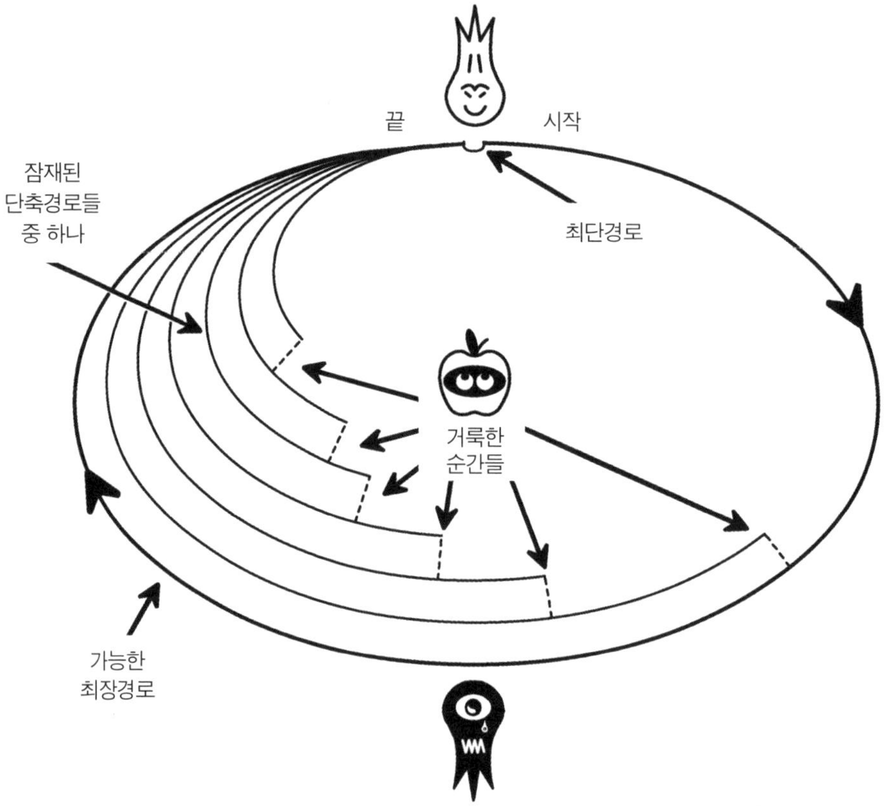

아이콘 해설

신

원은 신과 마찬가지로 시작도 끝도 없다.
그래서 원으로 신을 상징한다. 단, 이 원은 보통 원이 아니라
가는 빛으로 이뤄진 빛나는 원으로서 확장, 빛, 추상성을 암시한다.

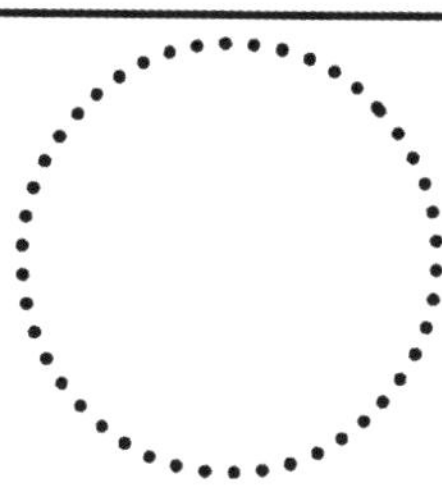

마음

마음은 영의 창조적 요소로서, 신으로부터 나온다.
따라서 신과 마찬가지로 마음도 원으로 상징된다.
단, 마음의 원은 점으로 이뤄진 원이다.

성령 / 바른 마음

성령은 행복한 표정의 유령 형상의 불꽃으로,
빛과 영을 암시한다.

에고 / 그른 마음

에고는 괴물 형상의 존재로서 의식을 암시하는,
한 개의 크고 꿰뚫어보는 눈을 가지고 있다.
에고의 아이콘 모양은 성령의 아이콘이 거꾸로 놓인 모양이다.

용서

용서는 행복한 표정의 물방울 형상이다.
정화와 용해를 암시한다.

가짜 용서

가짜 용서는 진정한 용서의 아이콘이 거꾸로 놓인 형상이다.
이 형상은 창槍을 암시하고
눈은 의식 속에 내재된 이원성을 암시한다.

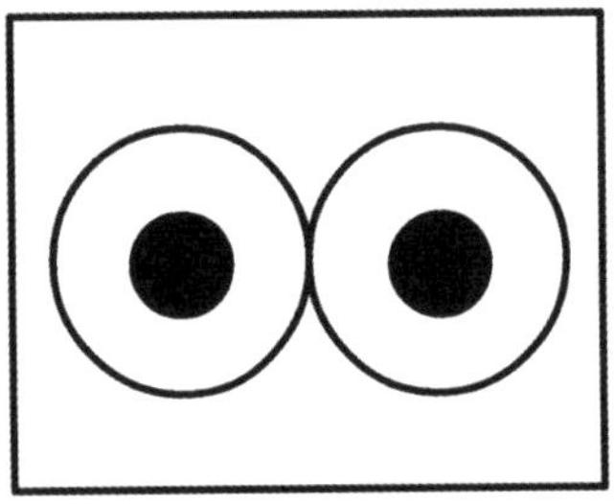

의식

의식은 동그랗고 커다란 눈의 형상이다.
시선은 주체와 대상, 관찰자와 관찰대상 간의 분리를 암시한다.

무의식

무의식은 빙산의 모습을 하고 있는데
수면 위의 눈은 물속의 거대한 덩어리를 보지 못한다.

죄 / 과거

죄는 사과 속에 숨어서 과거를 뜻하는 왼쪽을 바라보는 눈의 형상이다.
사과는 죄책감을 상징하기 위해 아담과 이브의 창조설화에서 따왔다.
죄책감의 과거형이 죄다.

죄책감 / 현재

죄책감은 사과 속에 숨어서,
현재의 죄책감을 암시하는 앞을 바라보는 눈의 형상이다.
사과는 죄책감을 상징하기 위해 아담과 이브의 창조설화에서 따왔다.

두려움 / 미래

두려움은 사과 속에 숨어서 미래를 의미하는
오른쪽을 바라보는 눈의 형상이다.
사과는 죄책감을 상징하기 위해 아담과 이브의 창조설화에서 따왔다.
죄책감의 미래형이 두려움이다.

거룩한 순간

거룩한 순간은 사과 속에 숨어서 신성을 향해
위를 올려다보는 눈의 형상이다.
이것은 시간의 초월과 무의식적 죄책감의 용해를 암시한다.

특별한 사랑

특별한 사랑은 하트의 서로 다른 반쪽들이
하나로 합치려고 하는 형상이다.
작은 포켓 속과 같은 특별한 고립을 선호하여 전체를 외면하는,
불완전감에서 비롯된 결합의 시도를 암시한다.
눈은 의식의 주체와 대상 간의 분열을 상징한다.

특별한 혐오

특별한 혐오는 하트의 서로 다른 반쪽들이
등을 지고 있는 모습으로, 결합의 거부를 암시한다.
눈은 의식의 주체와 대상 간의 분열을 상징한다.

거룩한 사랑

거룩한 사랑은 신성을 향해 시선을 고정한 눈과
나뉘지 않은 하트의 모습이다.
이것은 무의식의 용해를,
곧 이질성이 일체성 속으로 용해됨을 암시한다.

기적

기적은 신성을 향해 시선이 고정된 눈과 별의 모습으로,
빛과 초월과 무의식의 용해를 암시한다.
기적은 우리를 우리의 온전한 한마음과 합일시킨다.

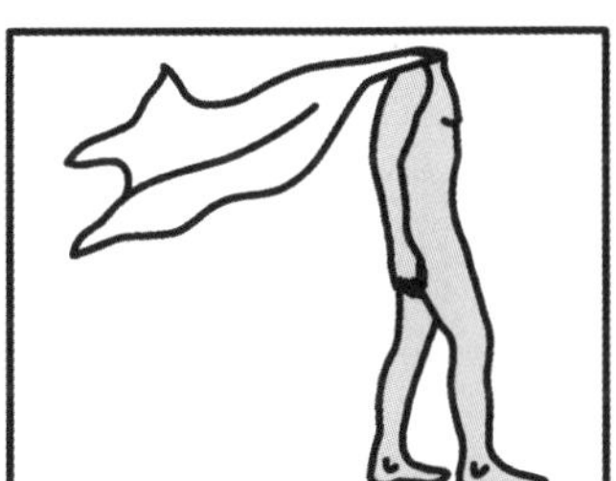

꿈의 주인공

꿈의 주인공은 몸이다.
그래서 꿈의 주인공은 수퍼맨 망토를 걸친 머리 없는 몸의 형상이다.
머리가 없는 것은 마음과 영이 없음을 암시하여
육신을 강조하기 위해서다.

이원성

이원성은 태극 문양 형상이다.

이원적 생각

이원적 생각은 구름 모양의 태극 문양이다.

투사

투사는 이원적 생각의 필름을 비춰내는
영사기 형상이다.

참고 색인

《기적수업》의 원출판사인 내면의 평화 재단(www.acim.com)의 승낙하에 사용함.

책의 기호

T 텍스트
W 학생용 자습서
M 교사용 지침서
P 심리치료 팜플렛
S 기도의 노래 팜플렛
C 용어해설

보기

T.1.V.1.1
책/장/꼭지/문단/문장

0장

1 (T.1.VI.4.4)

1/9장

1 (W.P1.105.4.3)

3/9장

1 (T.30.III.6), 2 (T.19.IV.C.I), 3 (T.2.I.1.9), 4 (T.21.IN.1), 5 (T.18.VII.3), 6 (T.26.VIII.1.4)

4/9장

1 (T.23.II.2), 2 (T.23.II.20), 3 (T.5.V.5.1), 4 (T.16.II.3), 5 (T.20.VI.11.1), 6 (T.4.V.4), 7 (T.27.VIII), 8 (T.16.V.6), 9 (T.16.VI.4), 10 (T.15.VII.8), 11 (19.IV.B.14), 12 (T.13.II.5.6), 13 (T.13.II.6), 14 (T.21.IV.3.3), 15 (T.13.II.7), 16 (T.13.II.9.2)

5/9장

1 (T.19.IV), 2 (T.1.V.2.2), 3 (T.22.3), 4 (P.2.IV.1.7), 5 (T.26.V.13.1), 6 (W.P1.26.7.4), 7 (W.P1.56.1.1), 8 (W.P1.201.1), 9 (T.3.VII.6.11), 10 (T.6.I.4.4), 11 (T.6.I.13.2), 12 (W.P1.68.1.1), 13 (T.12.I.8.13), 14 (T.1.I.45.2), 15 (T.IN.2), 16 (T.11.V.9)

6/9장

1 (T.13.IN.2), 2 (T.13.IN.3), 3 (T.26.VII.4.7), 4 (T.2.IV.2), 5 (T.5.V.5.3), 6 (P.2.VI.1), 7 (T.31.VIII.1.5), 8 (T.4.II.7), 9 (T.1.VII.3.6), 10 (T.20.II.1), 11(19.IV.B.3)

7/9장

1 (S.1.IN.1.3), 2 (S.1.II.1.5), 3 (T.9.II.1.1), 4 (T.3.V.6.3), 5 (S.2.IN.13), 6 (T.26.VI.1), 7 (S.1.I.4.2), 8 (T.30.I.1), 9 (T.30.I.14) 10 (T.16.V.3)

8/9장

1 (T.I8.VII.4.4), 2 (M.21.1.9), 3 (C.IN.3.1), 4 (M.IN.1.5), 5 (C.IN.2.5), 6 (T.20.III.9)

편지가 왔어요…

알렉스에게,
제 이름은 샌디입니다. 당신 만화의 팬이에요. 제 친구와 저는 당신을 아주 좋아해요. 필라델피아에 올 계획 없나요? 우리 집에서 자도 돼요! 재밌을 거예요! 그런데 만화에서, 당신의 이마에 웬 점이 있는지 궁금해요. 저도 추측은 해봤지만 확실한 답을 알고 싶어요.
- 필라델피아에서 샌디

샌디에게
편지 고마워요. 10월부터 9개월간 샌디님 집에서 살아도 될까요? 농담입니다. 그 점은 제 이마에 난 사마귀예요. 사람들은 그걸 저의 제3의 눈(영안)이라고 하죠. 실은 사마귀가 저의 사악한 쌍둥이인 젤라와 저를 구별해줘요. 젤라는 앞머리를 내려서 사람들이 나로 오인하게 만드니까, 속지 마세요!
- 당신의 친구 알렉스

안녕, 친구!
난 존이야. 난 요 몇 년간 자기현실 창조 놀이에 빠져 있는데 결과는 별로야. 넌 현실창조 놀이를 배설물 광내기라고 부르는 것 같은데, 좀 설명해줄 수 있겠어? 고마워.
- 호주 멜번에서 존.

안녕 존,
네가 얻은 결과가 평균치인 것 같아. 마음의 힘은 중요하고 배워둘 만하지만, 진정한 변화를 가져오는 건 오직 그 마음의 힘을 '용서하기로 선택하는 일' 에다 쓰는 거야. 시나리오는 이미 다 쓰여 있어. 어떤 시점에서든 할 수 있는 유일한 선택은, 긴 시나리오를 택할 거냐 단축된 시나리오를 택할 거냐 하는 것뿐이야. 현실창조의 원리는 끌어당김, 유유상종의 법칙이야. 네가 광낸 배설물이라면 광낸 배설물이 끌려오겠지. 네가 원죄 없는 신과 같다면 넌 신을 끌어당길 거야. 배설물을 가지고 할 수 있는 최선의 일은, 내려보내는 거야. 좋은 꿈을 만드는 건 헛일이라구. 꿈속의 성공은 다 덧없이 지나가버릴 테니까. 그러지 말고 깨어나. 용서를 통해서 말이야. 7/9장을 여러 번 읽어봐.
- 파괴분자 알렉스가.

알렉스에게,
만화를 더 쓰세요, 사게요. 최소한 두 권을 사서 한 권은 읽고 한 권은 소장용으로 둘래요. 말 좋아하시나요? 전 최근에 말을 한 마리 샀어요. 이름은 에반이에요. 에반도 만화를 좋아해요!
- 콜럼비아주 블랙 포리스트에서 당신의 팬 카일

좋은 일을 하고 계시네요. 사람들이 만화책을 많이 사줄수록 저도 더 많이 쓰게 될 거예요. 에반은 아주 훌륭한 말이에요.
- 감사를 보내며, 알렉스

알렉스,
당신은 리오 데 자네이로에 오셔야 해요. 저는 영어와 포르투갈어를 하니까 통역을 해드릴 수 있어요. 난 여기 있는 거대한 예수님 상을 철거하고 그 자리에 당신이 그린 성령의 상을 세우도록 청원운동을 하고 있어요. 어떻게 생각해요?
- 브라질 리오 데 자네이로에서 야스민

제게 비행기표와 잠잘 곳과 음식을 제공하고 자동차로 데리고 다녀주시겠다면 언제든지 갈게요. 하지만 거기 가면 예수님 상을 구경하고 싶으니까 아직은 철거하지 마세요. 그래도 그 예수님은 십자가에 매달려 있지 않아서 좋아요. 꿈속의 모든 것들과 마찬가지로 그 동상도 결국은 무너지겠지요. 그 때가 되면 당신의 청원운동을 적극 지지할게요.
- 예술가 알렉스

하이 알렉스,
넌 왜 만화 속에서 자켓을 맨날 입었다 벗었다 하니?
- 시애틀에서 미스티

글쎄, 그건 내가 만화를 그리는 동안에 날씨가 추웠다가 더웠다가 또 다시 추워졌다 해서 그럴 거야. 그림을 그릴 때 내가 입고 있던 대로 그냥 그린 거거든. ^^
- 천하태평 알렉스

분열1
의식
분열2
바른 마음과 그른 마음
불가능한 일이
일어나지 않은 경위
분열이 분열을 낳다
분열3
죄-죄책감-두려움
분열X
X = 무한대
특별한 관계
(특별한 결합과 특별한 분리)에
몰두한 몸들로 이뤄진
인식상의 우주가 만들어짐.
무의식적
죄책감
성령은 깨어남을
가속시키기 위해
우주를 재해석한다
죄책감과 이원성의
시나리오
분열4
부인 / 투사
영사기
에고 표 '짝퉁 일체'인
특별한 관계를 이용한
죄책감 투사를 통해
개체성이 유지된다.
에고는 일체로부터의
외견상 분리를 위해
우주를 궁극의 제물로
이용한다

패러디 해설

이 만화의 스토리는 재미와 전달의 목적을 위해 다양한 문화적(특히 미국 대중문화), 언어적 패러디를 배경으로 깔고 있다. 여기에 친숙하지 않은 독자들의 이해를 위해 주를 달았는데, 가능한 것은 본문에 붙이고 본문에 못 붙인 주나 긴 해설은 여기에 따로 덧붙인다. - 저자 주

9:2 제임스 조이스 작 '피네간의 경야' 첫 구절.

11:5 MTV의 리얼리티 쇼 The Real World의 패러디. DTV의 Douche는 평어로는 주수注水, 속어로는 거만한 사람이라는 뜻이 있는데 물방울 아이콘으로 표현된 용서 실천의 기회와 심판을 중의적으로 암시함.

16:2 영화 '이것이 스파이널 탭이다'의 한 장면. 일체(Oneness)의 목소리를 더욱 크게 증폭시킨다는 의미로 볼륨 숫자를 11까지 그림.

33:5 심편교: 기독교의 분열은 '심판주의' 때문임을 풍자하는 뜻으로 저자가 만들어 덧붙인 교파임.

38:1 선거 캠페인용 띠 - '우리의 후보를 지지해주세요' - 의 패러디.

47:3 방정식은 3/9장에서 묘사된 일련의 분열을 상징함. 답은 1=1. 일체는 빼든 더하든 나누든 곱하든 항상 일체다.

92:1 툿시폽 막대사탕 광고문구: '몇 번이나 빨면 속에 든 쫄깃한 툿시롤이 나올까?'

133:1 표범(leopard)은 나병 환자(leper)를 상징함.

145:2 신발은 요철띠가 둘러진 형광 콘돔을 상징함.

151:3 TV 애니메이션 South Park의 주인공 카트맨이 자주 하는 말 '엿 먹어. 난 집에 갈 거야'의 패러디.

162:1 미국 속담 '배설물은 광낼 수 없다'

164:2 자동차 광택제 Turtle Wax의 패러디.

172:1 논쟁의 달인(마스터 디베이터)은 자위행위자(마스터베이터)와 발음이 비슷하다. 그래서인지, 인터넷에서 논쟁하는 사람들은 숨어서 하기를 좋아한다.

181:1 〈우주가 사라지다〉 381쪽 개리와 퍼사가 나오는 장면. 이미지는 카라바조 작 '도마의 의심'에서 따옴.

182:1 풍선은 영과, 영의 '상승'하는 힘을 상징함.

190:5 제임스 조이스 작 '피네간의 경야'의 마지막 구절

198 책 내용 이외에 떠오를 수 있는 의문에 답하기 위해 지어낸 가짜 편지임.

(쪽번호:칸번호)